体育学术研究文丛

体育综合评价理论与方法

何国民 编著

北京体育大学出版社

策划编辑　李志诚　潘　帅
责任编辑　李志诚
责任校对　钱春华
版式设计　小　小

图书在版编目（CIP）数据

体育综合评价理论与方法/ 何国民编著. － － 北京 ：
北京体育大学出版社，2024.1
ISBN 978 － 7 － 5644 － 3933 － 0

Ⅰ. ①体⋯ Ⅱ. ①何⋯ Ⅲ. ①体育教学 － 教学评估
Ⅳ. ①G807. 01

中国国家版本馆 CIP 数据核字（2023）第 209997 号

体育综合评价理论与方法　　　　　　　　　　　　　　　何国民　编著
TIYU ZONGHE PINGJIA LILUN YU FANGFA

出版发行：北京体育大学出版社
地　　址：北京市海淀区农大南路 1 号院 2 号楼 2 层办公 B－212
邮　　编：100084
网　　址：http：//cbs. bsu. edu. cn
发 行 部：010－62989320
邮 购 部：北京体育大学出版社读者服务部 010－62989432
印　　刷：三河市龙大印装有限公司
开　　本：710 毫米×1000 毫米　1/16
成品尺寸：170 毫米×240 毫米
印　　张：12.25
字　　数：249 千字
版　　次：2024 年 1 月第 1 版
印　　次：2024 年 1 月第 1 次印刷
定　　价：65.00 元

序　言

多年来在研究生的论文评审与答辩工作过程中，碰到很多有关综合评价方面的学位论文，发现学生对综合评价理论与方法的知识掌握非常不够，基本上不知如何进行综合评价研究，从而导致论文质量不佳，造成这一结果的原因很多，其中有一个很重要的原因是学生难以找到一本适合他们学习综合评价理论与方法的参考书，这是促成我写这本书的主要动因。

本书分上、下两篇，上篇为理论篇，下篇为应用篇。

上篇共四章，对综合评价理论与方法进行了较为系统的介绍。第一章通过两个简单的综合评价实例，归纳出进行综合评价时应该做的四项工作：构建评价指标体系、指标类型一致化及指标无量纲化、确定指标体系中各指标的权重、建立综合评价模型。第二章论述了构建指标体系的基本理论与方法、指标正向化与无量纲化方法。第三章介绍了多种确定指标权重的方法：变异系数赋权法、距优平方和赋权法、熵值赋权法、因子分析赋权法、德尔菲赋权法、层次分析赋权法。第四章介绍了常用的五种综合评价模型：加权综合评价模型、模糊综合评价模型、因子分析综合评价模型、数据包络分析综合评价模型、BP 神经网络综合评价模型。

下篇共两章，第五章是关于因子分析综合评价模型的应用，第六章是关于加权综合评价模型的应用。

本书可作为高等院校本科生、研究生学习综合评价理论与方法的教材，也可作为从事综合评价研究的专业人员的参考书。

本书的写作虽然几易其稿，出版前也进行了多次的校对修改，但还是难免挂一漏万，加之作者水平有限，书中难免存在不妥与错误之处，敬请同人及读者批评指正。

本书在写作过程中参考了许多学者的学术成果，在此表示衷心的感谢！本书的出版得到了武汉体育学院经济与管理学院的资助，在此表示感谢！

目　　录

上篇　理论篇

下篇　应用篇

上篇 理论篇

第一章 综合评价概述

一、综合评价的概念

综合评价是人类社会中一项经常性、极其重要的认识活动，在我们的现实生活中经常需要对同类对象作出评价。比如，对学生学习成绩进行评价、对学生体质健康进行评价、对教师课堂教学质量进行评价、对企业员工工作业绩进行评价、对区域经济社会发展水平进行评价、对企业市场竞争力进行评价等等，综合评价在日常生活中可以说随处可见。

为阐明综合评价的内涵，下面举两个综合评价的实例。

例 1-1 某教师对学生《应用统计学》课程成绩进行评价，其中平时成绩占 20%，SPSS 统计软件操作成绩占 20%，结业考试成绩占 60%。现有学生张某，平时成绩 90 分，SPSS 统计软件操作成绩 90 分，结业考试成绩 82 分；刘某平时成绩 80 分，SPSS 统计软件操作成绩 85 分，结业考试成绩 85 分。则张某、刘某《应用统计学》课程总评成绩计算方式如下。

张某：$90 \times 0.2 + 90 \times 0.2 + 82 \times 0.6 = 85.2$

刘某：$80 \times 0.2 + 85 \times 0.2 + 85 \times 0.6 = 84$

评价结果：张某成绩好于刘某。

例 1-2 在教育部印发的《国家学生体质健康标准（2014 年修订)》中，大学一年级男生体质健康评价指标及权重见表 1-1，评分标准见表 1-2。

表1-1 大学一年级男生体质健康评价指标及权重

评价目标	一级指标		二级指标	
	指标名称	权重	指标名称	权重
大学一年级男生体质健康	身体形态	0.15	BMI	1.0
	身体机能	0.15	肺活量	1.0
	身体素质	0.70	50m 跑	0.29
			坐位体前屈	0.14
			立定跳远	0.14
			引体向上	0.14
			1 000m 跑	0.29

注：BMI = 体重/身高^2（体重的单位为 kg，身高的单位为 m）。

表1-2 大学一年级男生体质健康评分标准

评分	评分标准						
	BMI	肺活量/mL	50m 跑/s	坐位体前屈/cm	立定跳远/cm	引体向上/个	1 000m 跑
100	17.9 ~ 23.9	5040	6.7	24.9	273	19	3'17"
95		4 920	6.8	23.1	268	18	3'22"
90		4 800	6.9	21.3	263	17	3'27"
85		4 550	7.0	19.5	256	16	3'34"
80	≤17.8, 24.0 ~ 27.9	4 300	7.1	17.7	248	15	3'42"
78		4 180	7.3	16.3	244		3'47"
76		4 060	7.5	14.9	240	14	3'52"
74		3 940	7.7	13.5	236		3'57"
72		3 820	7.9	12.1	232	13	4'02"
70		3 700	8.1	10.7	228		4'07"
68		3 580	8.3	9.3	224	12	4'12"
66		3 460	8.5	7.9	220		4'17"
64		3 340	8.7	6.5	216	11	4'22"
62		3 220	8.9	5.1	212		4'27"
60	≥28.0	3 100	9.1	3.7	208	10	4'32"

续表

评分	评分标准						
	BMI	肺活量/mL	50m 跑/s	坐位体前屈/cm	立定跳远/cm	引体向上/个	1 000m 跑
50		2 940	9.3	2.7	203	9	4′52″
40		2 780	9.5	1.7	198	8	5′12″
30		2 620	9.7	0.7	193	7	5′32″
20		2 460	9.9	−0.3	188	6	5′52″
10		2 300	10.1	−1.3	183	5	6′12″

现有大学一年级男生王某、赵某各项体质健康评价指标测试结果如下，见表 1−3。

表 1−3　王某、赵某各项体质健康评价指标测试结果

学生	BMI	肺活量/mL	50m 跑/s	坐位体前屈/cm	立定跳远/cm	引体向上/个	1 000m 跑
王某	20.80	4 552	7.1	17.9	235	13	3′55″
赵某	17.70	4 512	6.8	23.1	228	13	4′02″

试对王某、赵某体质健康进行评价。

根据王某、赵某各项体质健康评价指标测试结果，查大学一年级男生体质健康评分标准（表 1−2），可得王某、赵某 7 项体质健康二级评价指标得分如下，见表 1−4。

表 1−4　王某、赵某 7 项体质健康二级评价指标得分

学生	BMI	肺活量/mL	50m 跑/s	坐位体前屈/cm	立定跳远/cm	引体向上/个	1 000m 跑
王某	100	85	80	80	72	72	74
赵某	80	80	95	95	70	72	72

根据王某 7 项体质健康二级评价指标得分及各评价指标的权重（表 1−1），可计算出王某 3 项体质健康一级评价指标得分，结果如下。

身体形态得分 = BMI 的权重 × BMI 的得分 = 1.0 × 100 = 100

身体机能得分 = 肺活量的权重 × 肺活量的得分 = 1.0 × 85 = 85

身体素质得分 = 50m 跑的权重 × 50m 跑的得分 + 坐位体前屈的权重 × 坐位体前屈的得分 + 立定跳远的权重 × 立定跳远的得分 + 引体向上的权重 × 引体向上的得

分 +1 000m 跑的权重×1 000m 跑的得分

$$= 0.29 \times 80 + 0.14 \times 80 + 0.14 \times 72 + 0.14 \times 72 + 0.29 \times 74$$

$$= 76.02$$

根据王某上述 3 项体质健康一级评价指标得分及各评价指标的权重（表 1 - 1），可计算出王某体质健康得分，结果如下。

王某体质健康得分 = 身体形态的权重×身体形态得分 + 身体机能的权重×身体机能得分 + 身体素质的权重×身体素质得分

$$= 0.15 \times 100 + 0.15 \times 85 + 0.70 \times 76.02$$

$$= 80.96$$

类似可求出赵某的体质健康得分 = 81.13

评价结果：赵某体质健康好于王某。

从上述两个评价例子可知，综合评价就是给定一组评价指标及它们的权重，采用一定的计算方法，根据评价对象在各评价指标上的取值、指标的权重计算出评价对象的综合评价值，再据此择优或排序。

综合评价的目的，通常是希望对若干同类被评价对象，按一定方法进行排序，从中选优或排劣。对于每一个被评对象，通过综合评价结果，可以找到自身的差距，也便于及时采取措施，进行改进。

二、综合评价过程

进行综合评价大体包括以下过程。

（一）构建评价指标体系

对评价对象进行评价，首先必须确定从哪些方面对评价对象进行评价，也就是要建立评价指标体系，这是进行综合评价的基础。所谓指标是指能反映评价对象某一侧面特征的依据，指标体系是由一系列相互联系的指标所构成的整体，它能综合反映被评价对象各个方面的情况。

指标体系的构建是一个仁者见仁、智者见智的过程，不同的评价者，不同的评价目的，会得到不同的评价指标体系。在长期实践的基础上，众多研究者总结出了构建指标体系的基本原则与方法，详细内容将在第二章讨论。

（二）指标类型一致化及指标无量纲化

在指标体系中，有的指标取值越大越好，这种指标称为正向指标，比如学生的跳远成绩、肺活量等。有的指标取值越小越好，这种指标称为负向指标，比如学生的100m跑成绩、反应时等。还有的指标取值在某个范围内好，太大或太小都不好，这种指标称为适度指标，比如成年人的血压、脉搏数等。

在进行综合评价时，必须将评价指标体系中正向指标、负向指标、适度指标转化为同一类型的指标，这一过程叫作指标类型一致化。实际应用中一般是将负向指标、适度指标转化为正向指标，所以也称指标类型一致化为指标的正向化。比如，在例1-2的大学一年级男生体质健康评价例子中，50m跑是负向指标，通过表1-2将50m跑成绩转化为50m跑评分，50m跑评分为正向指标；BMI是个适度指标，通过表1-2将BMI取值转化为BMI评分，BMI评分为正向指标。

此外，指标体系中评价指标的计量单位可能会不一样，指标取值的数量级也不一样，比如在例1-2的学生体质健康评价指标体系中，评价指标"50m跑"的计量单位是s，指标"肺活量"的计量单位是mL，这两个指标的计量单位是不一样的，另外，50m跑的取值范围在5~12，肺活量的取值范围在1 000~7 000，它们取值的数量级相差很大，为消除评价指标计量单位及取值的数量级不同而对评价结果产生影响，在进行指标数据合成前需对评价指标进行无量纲化处理。

指标无量纲化是指为消除评价指标的计量单位及取值的数量级对评价结果产生影响而对指标取值进行的一种数学变换，是进行指标数据合成的前提。比如，表1-2中对大学生体质健康进行评价时，通过表1-2将所有评价指标的取值转化为0~100的百分制评分，从而统一了各指标的计量单位、取值范围，实现了指标的无量纲化。

指标类型一致化、无量纲化的结果会对后续的评价结论产生较大的影响，其方法是否合理直接关系到最终评价结果的合理性。有关指标类型一致化、指标无量纲化方法将在第二章讨论。

（三）确定指标体系中各指标的权重

指标体系中各评价指标相对重要性是不同的，有的指标对于评价目的来说显得比其他指标要重要些，评价指标之间这种相对重要性大小可用指标权重来刻画。

比如，例1-1中某教师对学生《应用统计学》课程成绩进行评价时，该教师认为结业考试成绩比平时成绩、SPSS 操作成绩重要些，平时成绩与 SPSS 操作成绩同等重要，因此他给出了"平时成绩占 20%，SPSS 统计软件操作成绩占 20%，结业考试成绩占 60%"的评分规则，这里 20%、20%、60% 分别代表了平时成绩、SPSS 操作成绩、结业考试成绩在学生课程成绩评定中的重要性。

又如，例 1-2 中从身体形态、身体机能、身体素质对大学一年级男生体质健康进行评价，其中身体形态、身体机能的重要性相同，它们的权重定为 0.15，而身体素质比上述 2 方面要重要很多，其权重定为 0.7。对身体素质进行评价时，又从 50m 跑、坐位体前屈、立定跳远、引体向上、1 000m 跑这 5 个方面进行，这 5 个指标对于身体素质来说重要程度是不一样的，其中 50m 跑、1 000m 跑这 2 个指标同等重要，并且比其他 3 个指标重要些，权重定为 0.29，另外 3 个指标同等重要，权重定为 0.14。

指标权重：在评价指标体系中，往往用一个 0~1 的小数来表示某指标相对其他指标的重要程度，称该数为指标权重。

在综合评价中，评价指标体系中各评价指标权重的确定是最为重要与关键的工作之一，指标权重的大小直接影响最终评价结果，指标权重确定得是否合理，直接关系到综合评价结果的可信度。在以往的研究中，不少学者提出了多种方法，如变异系数法、熵值法、距优平方和法、灰色关联法、因子分析法、德尔菲法、层次分析法、环比法等等多种方法，有关这些方法的详细内容将在第三章介绍。

（四）建立综合评价模型

综合评价模型是指将评价对象在评价指标体系中各指标的取值及指标的权重"合成"为一个综合评价值的计算方法。用于"合成"的计算方法较多，如加权法、模糊合成法、BP 神经网络法、因子分析法、数据包络（DEA）法等等，在实际应用中可根据评价目的及评价对象的特点来选择较为合适的综合评价模型。

常用综合评价模型将在第四章介绍。

第二章　综合评价指标体系理论

一、构建指标体系的原则

指标体系的构建，是一个"仁者见仁，智者见智"的工作，不同的评价者，从不同的角度出发，会得到不一样的指标体系。在长期实践的基础上，众多研究者总结出了构建指标体系的基本原则。邱东、汤光华（1997）提出了定性选取评价指标体系的 5 条基本原则，即目的性、全面性、可行性、稳定性、评价方法的协调性。杨青、卢浩（2009）提出构建协调发展评价指标体系的 4 条原则：科学性原则、可操作性原则、以人为本原则、系统性原则。朱迎春（2009）提出在构建协调发展评价指标体系时应做到 4 个相统一的原则：系统性与针对性相统一原则、全面性与代表性相统一原则、科学性与实用性相统一原则、动态性与静态性相统一原则。各种原则虽然不尽相同，但大致都会包含目的性、科学性、系统性、层次性、可行性等主要原则。

（一）目的性原则

目的性原则就是要求根据具体情况构建评价指标体系，指标的选取要从评价目的出发，要切实根据评价对象和评价目的，选择最关键的指标，选取能客观反映评价对象关于评价目标的特性指标构建评价指标体系。相同的评价对象，不同的评价目的，构建的评价指标体系不相同；同样的评价目的，不同的评价对象，也会得到不一样的评价指标体系。

比如，教师对学生《应用统计学》课程学业成绩进行评价，根据不同评价目标，可以制定不同的评价指标体系。

评价指标体系 1：平时成绩占 40%，结业考试成绩占 60%。

评价指标体系 2：平时成绩占 30%，结业考试成绩占 70%。

评价指标体系 3：平时成绩占 20%，SPSS 操作成绩占 20%，结业考试成绩占 60%。

评价指标体系 1、评价指标体系 2 的评价指标相同，但指标的权重不同，评价指标体系 1 比评价指标体系 2 更重视平时成绩，体现出教师更关注平时成绩这一评价目的。

评价指标体系 3 比评价指标体系 1、评价指标体系 2 增加了一个评价指标"SPSS 操作成绩"，以达到教师关注 SPSS 统计软件的使用这一评价目标。

再如，同样是对学生进行体质健康评价，但小学生、中学生、大学生的体质健康评价指标、评价标准肯定不同。应根据不同人群，制定不同评价指标体系、评价标准。

（二）科学性原则

科学性原则是构建评价指标体系的客观基础。科学性原则主要包括两个方面的内容：一是评价指标的选取与设计必须充分体现评价目标的主要内容及内在联系，能充分反映评价对象的本质特征；二是评价指标的选取和设计、数据的收集、计算方法等要以相关学科的理论为依据，做到指标定义明确，测算方法科学规范，以确保评价结果的客观性。

例如，构建学生体质健康评价指标体系时，就需对"学生体质健康"应该包含哪些内容进行必要的研究，选取能充分反映体质健康的指标，同时在指标的选取上，小学生、中学生、大学生应有所区别。

（三）系统性与层次性原则

评价目标往往由若干子系统集合而成，每个子系统自身又包含若干子系统，因此建立指标体系时应按照系统论的观点，处理好部分与整体，具体行动和系统目标之间的关系，指标的选取既要尽可能完整、全面而系统地反映评价对象的全貌，又要突出重点，力求抓住系统中的主要因素，避免面面俱到。同时，指标体系不是指标的简单堆砌，应根据指标间的内在关联性将评价指标分成不同的层次。

例如，构建大学一年级男生体质健康评价指标体系时，设计 3 个一级指标：身体形态、身体机能、身体素质，其中身体素质又包含 5 个二级指标，得出如下具有系统性与层次性的指标体系，如表 2-1 所示。

表 2-1　大学一年级男生体质健康评价指标体系

评价目标	一级指标	二级指标
	指标名称	指标名称
大学一年级 男生体质健康	身体形态	BMI
	身体机能	肺活量
	身体素质	50m 跑
		坐位体前屈
		立定跳远
		引体向上
		1 000m 跑

（四）可行性原则

可行性原则指在指标的选取过程中，应注意数据搜集的可靠性、易得性、可实现性，指标数据应可以保质保量地获取，来源可靠。因此在构建评价指标体系时，为使所构建的指标体系在数据获取上具有可行性，应该做到以下三点：

第一，指标数据资料尽可能能通过查阅全国性和地方性统计年鉴、行业统计年鉴获得；或者是在现有资料上通过简单加工整理获得；或者通过对研究对象进行问卷调查和现场访谈获得。

第二，尽量用定量指标，少用定性指标，保证数据资料可量化。

第三，指标体系的设置应尽量避免形成庞大的指标群或层次复杂的指标树，指标尽可能少而精。

二、构建指标体系的过程与方法

指标体系的构建，是一个"具体—抽象—具体"的逻辑思维过程，是人们对评价对象本质特征的认识逐步深化、逐步精细、逐步完善、逐步系统化的过程。指标体系的构建，有多种顺序，既可以自顶向下（从总目标开始逐步细化到基础指标），也可以自下而上（由基础指标开始逐步聚合到总目标），还可以两个方向同时进行。不管采用哪种顺序，指标体系的构建过程大体上包括理论准备、指标体系初建、指标筛选三个环节。

（一）理论准备

第一，明确评价对象和评价目的。因为评价对象和评价目的直接决定了指标体系中指标的选取，也确定了评价子系统的构成。评价子系统要具有一定的独立性，能反映评价对象某一方面的特征，同时合在一起又能全面反映评价对象所有主要特征，达到评价目的。

第二，对评价内容的构成要素进行分析。

第三，对已有相关文献进行梳理、总结，为指标体系初建做好必要的准备。

（二）指标体系初建

在理论分析结果的基础之上，根据评价对象的特点，选择一种或多种指标体系初建方法，初步建立评价指标体系，常用的指标体系初建方法如表2－2所示。

表2－2 评价指标体系初建方法

方法名称	方法原理	优点	缺点
头脑风暴法	通过联想反应、热情感染、竞争意识、个人欲望，激发与会者的创新思维，为创造性地解决问题提供更多的可能性	对于没有参考指标可用的新的评价对象，可保证群体决策的创造性，提高决策质量	会出现少数服从多数现象；不适用于一些具有机密性和高技术含量问题
综合法	对已存在的指标群按一定标准进行聚类	借鉴了前人的研究经验，克服了由于主观认识造成的随意性，同时也综合了多种不同观点	基于已有指标体系的归类研究，对于新的评价对象由于没有可以参考指标而无法使用
分析法	将指标体系的度量对象和度量目标划分成若干个不同评价子系统，并逐步细分，形成各级子系统及功能模块	对评价对象系统科学的分析，生成指标体系，集中反映了评价对象具有代表性的特征属性	在分析过程中受到评价者自身知识结构、认识水平和模糊性等影响，存在一定主观性
目标层次法	首先确定评价对象发展的目标，即目标层，然后在目标层下建立一个或数个较为具体的分目标，称为准则，准则层则由更为具体的指标组成，形成指标体系	通俗易懂、计算简便、实用性强，而且，通过确定目标结构，可以减少指标之间交叉重复	目标层和准则层的选择存在主观随意性

续表

方法名称	方法原理	优点	缺点
交叉法	通过二维或三维或更多维的交叉,派生出一系列的统计指标,从而形成指标体系	能体现出两种或三种要素之间的对比或协调	应用范围有限
指标属性分组法	从指标属性角度构思指标体系中指标的组成(先按动态/静态来分,再按绝对数/相对数/平均数来分)	全面地构建指标体系	容易造成指标重复

注:根据李远远《基于粗糙集的指标体系构建及综合评价方法研究》第20页内容整理。

(三) 指标筛选

指标体系初建阶段所建立的评价指标集是"评价指标可能全集",所选指标不一定是最合理和最必要的,可能有重叠和冗余的指标,或者关联度很高的指标,因此需要对初选的评价指标集进行筛选,将"评价指标可能全集"转变为"评价指标充分必要集",得到既简洁明了又能实现评价目标的评价指标体系。

指标筛选主要从指标所反映内容的科学性、指标数据的可获取性、指标取值的计算方法、指标之间的协调性、必要性和完备性等方面对指标进行考查,筛选出具有代表性的指标,简化指标体系,降低指标冗余度。很多学者在指标筛选方法方面做了大量研究,提出了一系列的思想和方法,主要研究成果如表2-3所示。

表2-3　指标筛选方法

学者名(时间)	研究成果
邱东(1991年)	用条件广义方差极小原则来筛选指标,提出根据指标相关性选择"典型指标"的方法,并分析用主成分分析法进行指标筛选中存在的问题
张尧庭(1990年)	多种选取评价指标的数理统计方法,包括逐步判断分析、系统聚类与动态聚类、极小方差广义法、主成分分析法、极大不相关法等方法
王庆石(1994年)	统计指标间信息重叠的消减办法,具体包括复相关系数法、多元回归法、逐步回归法、主成分分析法、因子分析法
王铮(1988年)	采用综合回归法建立评价指标体系,并详细讨论了这一方法的三个基本部分,即初始指标体系的建立、指标集的过滤、指标集的净化
翟忠和(1999年)	利用因子分析法的思想对指标体系进行筛选,建立了递阶层次评估系统
赵丽萍、徐维军(2002年)	通过聚类分析对评价指标的相关性进行分析,运用主成分分析法剔除相关性高及不重要的指标

续表

学者名（时间）	研究成果
王璐、包革军 （2002 年）	指出现有的指标选择方法在指标全面性和代表性上存在的问题，并提出了一种用聚类分析、非参数检验等组成新的指标体系的建构方法
苏为华（1998 年）	提出指标体系单体测验与整体测验的理论，从齐备性、协调性、可行性、准确性、区分度（辨识力）、冗余度（重叠度）等方面进行整体测验，并提出一套评价指标体系结构优化的分层构权方法
郝奕、张强 （2005 年）	将 vague 集理论引入专家打分建立指标体系的过程，由于 vague 集可以同时表示专家支持、反对和弃权的证据，因而使得关键指标体系的建立过程更为流畅和简单易行
李崇明、丁烈云 （2004 年）	用灰色聚类和粗糙集理论中的求核与约简来筛选指标，消除指标体系中的冗余指标
陈海英等 （2004 年）	提出了非线性系统综合评价指标体系的神经网络优化方法，以核心指标作为网络输出，其他因素指标作为网络输入，建立前向神经网络模型，通过网络刻画输入和输出之间的相关性，选择与输出相关程度大的输入指标作为优化指标
蔡炜凌、黄元生 （2007 年）	建立了基于熵的指标约简模型
陈洪涛等 （2007 年）	将粗糙集属性约简规则引入以解决指标体系中指标冗余和指标关联两方面的缺陷，在保证粗糙分类质量不变的情况下，对指标进行约简
丁雷、车彦巍 （2008 年）	以粗糙集为出发点，探讨指标体系优化、属性离散化及属性约简等问题

注：根据李远远《基于粗糙集的指标体系构建及综合评价方法研究》第 21 页内容整理。

三、区域体育事业发展水平评价指标体系构建[①]

根据上述综合评价指标体系构建理论与方法，下面将按照"理论准备——指标体系初建——指标筛选"的程序来构建区域体育事业发展水平评价指标体系，总体思路是：首先查阅与总结相关研究成果，为构建区域体育事业发展水平评价指标体系做好理论准备；然后运用头脑风暴法与反头脑风暴法、综合法、分析法、目标层

---

① 这一部分内容源自：何国民. 区域体育事业与经济协调发展评价研究 [M]. 北京：北京体育大学出版社，2012：66-87.

12

次法等指标体系初建方法构建区域体育事业发展水平初始评价指标体系；最后运用隶属度检验法、区分度检验法筛选指标，得到最终的区域体育事业发展水平评价指标体系。

（一）构建区域体育事业发展水平评价指标的理论准备

1. 体育事业的界定

体育事业有广义与狭义之说，这里所说的体育事业是指由国家财政开支以非营利为目的、为全社会提供非排他性、非竞争性公共体育产品的社会主义公益体育事业，包括竞技体育与群众体育，不包括体育产业。

2. 体育事业发展水平评价指标的相关研究成果

从现有研究文献来看，关于体育事业发展水平评价指标体系的研究比较少，研究者所提出的评价指标太抽象，不可操作，主要的研究成果如下。

安儒亮、张军等（2010）运用调查法对现行群众体育统计指标中存在的问题进行了系统研究，认为整个指标体系不够健全、指标定义不太严格，结合理论分析对该指标体系进行了完善和修订，构建了群众体育统计指标体系模块，如表 2 - 4 所示。

表 2 - 4　群众体育统计指标体系模块

一级指标	二级指标	三级指标
群众体育	发展环境与条件	体育场地设施 体育社团与俱乐部
	经费投入	经费来源
	人力资源与活动	社区乡镇体育活动情况 体育管理机构及人员状况 社会体育指导员 国民体质监测

王景波（2008）对我国体育发展评价指标和评价方法进行了研究，初步建立了我国体育发展评价指标体系，该指标体系中包含了社会体育、竞技体育、体育产业、体育科技、体育信息等 10 个二级指标，其中社会体育、竞技体育这 2 个二级指标下的三级指标如表 2 -5 所示。

表2-5　体育发展评价指标体系

一级指标	二级指标	三级指标
体育发展评价指标	社会体育	体育人口与总人口的比例 国民体质合格率 人均体育活动时间占余暇的比重 每10万人中拥有社会体育指导员人数 体育竞赛活动的次数 城乡体育人口的差距 地区体育发展差异系数 居民对社区体育的满意程度
	竞技体育	奥运会获奖牌数 破世界纪录和奥运会纪录数 奥运会金牌成本 优秀运动员人数 优秀教练员人数 优秀裁判员人数 体育后备人才数 运动员平均受教育年限 运动员就业率 教练员接受高等教育人数比例 地区竞技体育发展差异系数 观众对联赛的满意程度

注：表中只列出了有关社会体育与竞技体育的指标。

权德庆等（2009）依据中国体育事业统计的发展目标，运用系统论的观点与方法，在借鉴国外构建体育事业统计体系研究有益经验的基础上，立足于我国体育事业的国情，充分考虑我国体育事业统计未来发展的需求，从统计体系整体出发，运用体育学、统计学、社会学等学科理论，构建系统反映体育事业内涵和主要特征的统计指标体系。该指标体系中有关群众体育、竞技体育的指标见表2-6。

表2-6　中国体育事业新统计指标体系总体框架一览表

一级指标	二级指标	三级指标
竞技体育	体育人才	教练员、运动员、裁判员
	后备人才培养	项目在训人数分布情况、各省后备人才培养情况
	运动成绩	世界比赛、亚洲比赛、全国比赛、省级比赛成绩
	竞赛计划	按计划执行的竞赛、未按计划执行的竞赛

续表

一级指标	二级指标	三级指标
群众体育	社会体育指导员	类型、培训、等级
	体育管理机构、人员情况	人数、专兼职、管理机构
	群众体育活动	项目、竞赛、参与人数
	晨、晚练情况	站点数量、活动人数、指导员配置
	体育社团组织	类型、数量、活动
	国民体质监测	站点数量、受测人数、测试结果、监测制度执行情况
	体育俱乐部	类型、数量、指导员配置、规模

注：表中只列出了有关竞技体育与群众体育的指标。

（二）区域体育事业发展水平评价指标体系的初建

鉴于有关体育事业发展水平评价指标方面的研究文献比较少，且文献中所提的指标很分散，不同研究者所选取的指标差异很大，为提高评价指标的遴选质量，作者邀请体育管理、体育社会学、体育经济等领域的多位专家进行座谈。

第一次座谈采取头脑风暴法形式获取反映区域体育事业发展水平评价指标。头脑风暴法的目标是获得尽可能多、全面的评价指标，指标数量是它的首要任务，因此为有利于专家抓紧时间多思考，多提出评价指标，会议现场坚持自由畅谈、禁止批评与评判、追求获取指标数量的原则，让与会专家在不受任何限制、放松思想、自由畅谈的氛围中畅所欲言，从不同角度、不同层次大胆提出各自想到的评价指标。会议结束后，对专家们提出的评价指标进行整理，结果有 31 个指标，这些指标涉及竞技体育、群众体育、体育场馆、体育经费投入等方面，结果如下。

竞技体育方面的指标有优秀运动员人数、等级运动员发展人数、教练员人数、裁判员人数、获得奖牌数量、后备运动员培养、观众对职业联赛的满意程度、地区竞技体育发展差异系数。

群众体育方面的指标有社会体育指导员人数，体育人口，群众体育工作管理机构数，群众体育工作管理人员数，参加群众体育活动人数，晨、晚练站点数，国民体质测试工作人员数，国民体质监测受测人员数，国民体质监测受测人员达标人员数，国民体质达标率，群众体育组织数，体育俱乐部数，体育俱乐部会员数。

体育场馆方面的指标有政府命名群众体育场地面积、政府援建体育场地面积、新建体育场地面积、全民健身中心面积、全民健身基地面积、体育公园面积。

体育经费投入方面的指标有运动训练经费投入、运动竞赛经费投入、群众体育经费投入、体育场馆经费投入。

第二次座谈会采用反头脑风暴法的形式对第一次座谈会所提出的指标逐个进行筛选。对指标体系的结构进行讨论，为保证所选指标数据的可获得性，结合体育事业统计年鉴能提供的数据来最终确定评价指标体系中的指标，总结与会专家的意见，主要有以下几条。

第一，对指标体系的结构，分群众体育、竞技体育两个二级指标比较好。

第二，某些指标很需要，但数据很难获得，这些指标不宜保留。比如体育人口这个指标是衡量群众体育事业发展水平很重要的一个指标，但数据很难获取，类似的还有参加群众体育活动人数、观众对职业联赛的满意程度、地区竞技体育发展差异系数等。

第三，对"运动员获得奖牌数"这一指标，由于体育事业统计年鉴中没有各省区市运动员获得奖牌的统计，另外奖牌的种类也很多，含金量各不相同，各类别的奖牌数不宜直接相加，对该指标的取舍有不同意见，经过讨论最后认为可将指标名称改为"运动成绩"，数据采用最近一届全国运动会各省区市综合得分。

第四，派生指标与原始指标不宜全保留。如国民体质达标率是由国民体质监测受测人员数与受测人员达标人员数派生出来的，这三个指标只需保留其中两个原生指标或一个派生指标即可。

第五，在指标取值单位上，要考虑各省人口数这个情况，用人均指标可能比用总量指标更合适。

综合与会专家意见，得出体育事业发展水平评价指标体系 S_1（第一轮），由 2 个一级指标、17 个二级指标组成，结果如表 2－7 所示。

表2-7　体育事业发展水平评价指标体系 S_1（第一轮）

评价目标	一级指标	二级指标	取值单位	指标说明
区域体育事业发展水平	竞技体育	优秀运动员人数	人	在队及待分优秀运动员人数
		等级运动员发展人数	人	当年发展的二级及以上运动员人数
		等级教练员人数	人	一、二、三线教练人数
		运动成绩	分	最近一届全国运动会综合得分
		体育后备人才人数	人	二、三线队员数
		开展的竞赛数量	次	按国家体育总局计划安排开展的竞赛数与计划外开展的新增竞赛数之和
		竞技体育经费投入	万元	体育事业经费支出中体育竞赛费、体育训练费之和
	群众体育	每万人社会体育指导员数	人/万人	公益与职业指导员每万人人数之和
		街道（乡镇）设有群众体育管理机构的比例	%	已设群众体育工作管理机构街道（乡镇）数与行政辖区内街道和乡镇总数之比
		每万人街道（乡镇）群众体育工作人员数	人/万人	每万人街道（乡镇）群众体育管理机构专职与兼职人员之和
		每万人晨、晚练站点数	个/万人	当年末累计站点总数
		每万人国民体质测试工作人员数	人/万人	国家级、省级、地市级、县区各级测试队的技术人员和在测试中进行服务的人员每万人人数
		国民体质监测达标率	%	当年测试达标人员数与受测人员数之比
		每万人体育社团组织数	个/万人	每万人单项运动项目、综合运动项目群众体育组织数之和
		每万人体育俱乐部会员数	人/万人	每万人青少年体育俱乐部、社区体育健身俱乐部、其他体育俱乐部会员数之和
		人均群众体育经费投入	元/人	体育事业经费支出中群众体育经费人均投入
		人均命名援建各类群众体育场地资金投入	元/人	当年政府命名、援建的群众体育场地、全民健身中心、全民健身基地、体育公园、其他群众体育场地人均投入之和

（三）区域体育事业发展水平评价指标的筛选

在对现有相关文献进行综合的基础上，通过小范围的专家座谈，运用头脑风暴法、反头脑风暴法、目标层次法构建了表 2－7 的体育事业发展水平评价指标体系 S_1，该指标体系的结构、指标的选取是否科学合理，还需进一步分析论证。

下面以指标体系 S_1 为基础进行较大范围的专家调查，采用隶属度分析、区分度分析等方法对指标体系 S_1 中的指标进行筛选。

1. 区域体育事业发展水平评价指标的隶属度分析

作者将初建的区域体育事业发展水平评价指标体系 S_1 制成区域体育事业发展水平评价指标选取专家调查问卷（调查问卷见附录 1），对体育方面的专家进行专家调查，让他们根据自己的专业知识和实践经验，对指标体系整体结构、一级指标设置、二级指标设置进行选择与判断，发放调查问卷 100 份，回收 95 份，有效问卷 92 份。专家基本情况见表 2－8。

表 2－8　专家基本情况

职称			最后学位			研究生导师		
中级	副高	正高	学士	硕士	博士	不是	硕导	博导
11	50	31	14	43	35	20	51	21

虽然专家个人在判断与选择体育事业发展水平评价指标时具有个人主观性，反映了专家个人的知识与经验，但集众多专家的意见，可以化主观为客观。通过对专家调查问卷调查结果的统计分析，淘汰一些不能较好地反映体育事业发展水平的指标，可以极大地改善评价指标体系的质量，增强评价指标体系的科学性与合理性。

为深入分析各位专家对初建的区域体育事业发展水平评价指标体系 S_1 的总体看法，本研究采用隶属度分析法对专家问卷进行分析。

隶属度这个概念来自于模糊数学，其大小表示元素属于集合的程度。模糊数学认为在现实生活中存在大量模糊现象，对于模糊现象无法用经典集合论中的"属于"与"不属于"来描述元素与集合间的关系，而只能说某元素多大程度属于某集合，元素属于集合的程度称为隶属度。

如果把区域体育事业发展水平评价指标体系看成一个模糊集合，把每个评价指标视为集合中的一个元素，那么我们可以通过专家调查问卷估计出指标属于评价指标体系的隶属度，通过各指标隶属度的大小来对指标进行筛选。

假设对 n 位专家进行了调查，其中有 m 位专家认为指标 X_i 属于指标体系，则指标 X_i 属于指标体系的隶属度 R 的估计公式如下。

$$R = \frac{m}{n} \tag{2-1}$$

若 R 值很大，表明该评价指标在很大程度上属于指标体系，指标可以保留在指标体系中；相反，如果 R 值很小，说明该评价指标不属于指标体系，该指标应从指标体系中删除。

对回收的有效专家问卷进行统计分析，各专家对指标体系整体结构的评价结果、一级指标设置评价结果见表 2-9，各二级指标的隶属度见表 2-10。

表 2-9 专家对初建指标体系结构及二级指标设置的评价结果 ($n=92$)

评价内容	合理/%	基本合理/%	不合理/%
指标体系整体结构是否合理	74	26	0
指标体系分竞技体育、群众体育 2 个一级指标是否合理	72	28	0

表 2-10 区域体育事业发展水平评价指标体系 S_1 中各二级指标的隶属度 ($n=92$)

指标名称	隶属度
优秀运动员人数	0.89
等级运动员发展人数	0.86
等级教练员人数	0.79
运动成绩	0.82
体育后备人才人数	0.97
开展的竞赛数量	0.49
竞技体育经费投入	0.91
每万人社会体育指导员数	0.87
街道（乡镇）设有群众体育管理机构的比例	0.51
每万人街道（乡镇）群众体育工作人员数	0.71
每万人晨、晚练站点数	0.8
每万人国民体质测试工作人员数	0.68
国民体质监测达标率	0.82

续表

指标名称	隶属度
每万人体育社团组织数	0.83
每万人体育俱乐部会员数	0.79
人均群众体育经费投入	0.92
人均命名援建各类群众体育场地资金投入	0.84

从表 2-9 中数据可知，专家对初建评价指标体系的整体结构及一级指标的设置赞成度皆比较高。

隶属度是表示元素属于集合程度的量，要达到多大才可以认为元素属于集合呢？目前还没有这方面的统一标准，作者通过广泛征求专家的意见，并经过多次讨论，最后确定隶属度的临界值为 0.6。按此标准将表 2-10 中隶属度小于 0.6 的指标从指标体系中删除，结果区域体育事业发展水平评价指标体系 S_1 中有 2 个评价指标被删除，这 2 个指标是开展的竞赛数量、街道（乡镇）设有群众体育管理机构的比例，最后剩下 15 个二级指标，构成第二轮区域体育事业发展水平评价指标体系 S_2，如表 2-11 所示。

表 2-11　区域体育事业发展水平评价指标体系 S_2（第二轮）

评价目标	一级指标	二级指标	指标代码
区域体育事业发展水平	竞技体育	优秀运动员人数	Y_1
		等级运动员发展人数	Y_2
		等级教练员人数	Y_3
		运动成绩	Y_4
		体育后备人才人数	Y_5
		竞技体育经费投入	Y_6
	群众体育	每万人社会体育指导员数	Y_7
		每万人街道（乡镇）群众体育工作人员数	Y_8
		每万人晨、晚练站点数	Y_9
		每万人国民体质测试工作人员数	Y_{10}
		国民体质监测达标率	Y_{11}
		每万人体育社团组织数	Y_{12}

续表

评价目标	一级指标	二级指标	指标代码
区域体育事业发展水平	群众体育	每万人体育俱乐部会员数	Y_{13}
		人均群众体育经费投入	Y_{14}
		人均命名援建各类群众体育场地投入	Y_{15}

注：各二级指标的取值单位、指标说明见表 2−7。

2. 区域体育事业发展水平评价指标的区分度分析

指标体系构建中一个重要问题是指标体系中各指标的区分度问题。区分度是心理测量中选取测试指标的一个重要标准，所谓区分度是指测试指标区分评价对象特征差异的能力，如果被评对象在某指标上的取值非常一致，几乎没有区别，那么这个指标就不能有效地判断、区分被评价对象水平的高低，可以认为该指标区分度很弱；相反如果被评对象在某指标上的取值差异很大，那么这个指标就能有效地判断、区分被评价对象水平的高低，可以认为该指标区分度很强[1]。

区域体育事业发展水平评价指标体系中各指标也应该具有比较大的区分度。科学合理的评价指标体系中各指标应该对评价对象具有较强的区分能力，在评价指标反应理论中，通常用评价指标特征曲线的斜率作为衡量评价指标区分度强弱的参数，斜率越大表明其区分度越强。

图 2−1 给出了 3 个评价指标的特征曲线，评价指标 A 的特征曲线斜率最大，其次是评价指标 B，而评价指标 C 的特征曲线斜率最小，由此可以判断：在这 3 个评价指标当中，评价指标 A 区分度最强，评价指标 C 区分度最差。

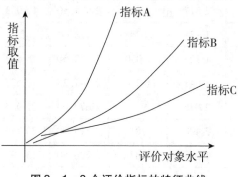

图 2−1 3 个评价指标的特征曲线

① 马立骥. 心理评估学 [M]. 合肥：安徽大学出版社，2004：78.

构造评价指标的特征曲线需要获取较多的实际数据资料，这是一件很难做到的事情，在实际应用中，通常用评价指标的变异系数来描述评价指标的区分度强弱，评价指标的变异系数越大，表明该评价指标区分度越强，反之该评价指标区分度越弱。为了提高评价指标体系的整体区分度，通常将评价指标体系中变异系数相对较小的指标从指标体系中剔除①。

评价指标 X 的变异系数按如下公式计算。

$$V = S/\overline{X} \tag{2-2}$$

上式中，V 为指标 X 的变异系数，$\overline{X}$ 为指标 X 的平均数，S 为指标 X 的标准差。

作者通过查阅《体育事业统计年鉴》（2010），搜集各省区市 2009 年表 2-11 中二级指标的数据（有些指标需用多个指标计算得到），数据具有极强的可靠性、权威性，所有数据见表 2-12、表 2-13。

用公式（2-2）计算表 2-12、表 2-13 中各指标的变异系数，结果见表 2-14。

表 2-12 区域体育事业发展水平评价指标数据（一）

省区市	Y_1	Y_2	Y_3	Y_4	Y_5	Y_6	Y_7
北京	1 024	1 784	686	1 753.00	10 563	8 581.40	19.96
天津	773	1 193	523	1 081.50	5 054	2 720.30	13.95
河北	753	2 596	931	1 305.00	19 641	4 192.60	6.49
山西	339	1 084	717	567.00	10 939	9 340.00	8.27
内蒙古	885	800	415	422.75	15 242	7 025.70	15.61
辽宁	1 392	2 817	1 322	2 574.50	19 033	24 648.20	11.01
吉林	601	1 131	634	718.00	5 519	9 887.60	3.55
黑龙江	1 195	1 125	1 050	1 302.50	15 433	39 733.00	4.76
上海	952	1 641	1 078	2 547.25	12 628	52 337.10	13.29
江苏	1 351	3 036	983	2 679.00	25 935	67 034.40	19.49
浙江	889	2 408	781	1 515.00	20 746	17 964.60	20.70
安徽	623	1 997	687	736.50	13 737	6 590.40	3.78

① 王重鸣. 心理学研究方法 [M]. 北京：人民教育出版社，2001：130-134.

续表

省区市	Y_1	Y_2	Y_3	Y_4	Y_5	Y_6	Y_7
福建	1 471	1 203	885	996.50	13 415	22 537.30	6.46
江西	583	354	623	464.00	9 325	8 638.30	3.64
山东	1 854	3 987	1 379	3 220.00	21 750	49 906.70	11.12
河南	774	3 408	818	783.00	21 671	10 812.50	5.00
湖北	652	1 508	866	848.00	14 326	6 051.70	5.74
湖南	550	1537	800	756.50	17 017	10 640.50	5.79
广东	848	2 561	952	2 827.25	36 222	44 642.70	7.08
广西	582	1 039	629	413.75	16 438	9 841.20	11.46
海南	99	177	122	96.00	2 282	2 202.00	4.61
重庆	377	758	238	252.50	11 153	6 729.90	6.72
四川	1 124	3 516	1 090	1 563.50	42 411	16 717.90	6.76
贵州	220	451	110	212.75	10 530	3 998.10	3.22
云南	357	1 457	377	368.25	7 275	10 744.10	2.95
西藏	134	24	48	70.25	501	3 549.50	6.16
陕西	293	727	721	537.00	18 725	9 324.50	9.34
甘肃	552	1 099	457	317.25	11 350	7 163.30	6.14
青海	299	175	158	81.00	3 180	1 782.20	2.58
宁夏	379	276	152	154.00	1 681	2 218.00	5.77
新疆	435	501	498	341.00	11 181	18 111.60	4.91

表2-13　区域体育事业发展水平评价指标数据（二）

省区市	Y_8	Y_9	Y_{10}	Y_{11}	Y_{12}	Y_{13}	Y_{14}	Y_{15}
北京	1.28	3.38	0.39	87.84	0.22	268.27	3.81	12.49
天津	0.32	1.80	0.41	82.13	0.07	109.46	1.73	16.57
河北	0.61	1.65	0.17	75.47	0.16	24.65	0.61	13.65
山西	1.08	2.27	0.12	86.84	0.28	4.17	1.58	37.30
内蒙古	1.55	1.99	0.23	82.54	0.64	11.05	1.30	122.34

续表

省区市	Y_8	Y_9	Y_{10}	Y_{11}	Y_{12}	Y_{13}	Y_{14}	Y_{15}
辽宁	1.11	2.26	0.16	78.01	0.26	630.23	0.92	30.47
吉林	1.25	3.04	0.10	75.65	0.42	533.42	0.69	48.64
黑龙江	0.85	1.52	0.01	70.00	0.21	21.79	0.84	9.02
上海	0.17	4.69	0.24	77.85	0.20	163.01	13.32	3.07
江苏	0.52	7.35	0.82	92.54	0.23	206.51	1.92	116.43
浙江	0.38	3.82	0.54	87.15	0.31	25.92	2.25	32.04
安徽	0.43	0.47	0.07	81.11	0.14	25.92	0.68	5.01
福建	0.70	1.59	0.06	84.97	0.25	64.21	3.56	17.32
江西	0.51	1.34	0.14	88.23	0.20	35.08	0.88	7.21
山东	0.70	4.00	0.09	86.11	0.13	27.07	0.49	101.86
河南	0.29	1.34	0.19	86.98	0.09	3.69	0.44	6.41
湖北	0.30	0.97	0.17	72.79	0.15	16.84	0.98	8.62
湖南	0.41	0.58	0.10	77.44	0.19	30.45	1.31	15.95
广东	0.44	2.60	0.24	80.94	0.14	43.49	1.30	69.07
广西	0.44	2.06	0.06	94.48	0.12	12.13	1.51	23.91
海南	0.53	2.78	0.28	85.00	0.44	9.45	1.27	23.25
重庆	0.58	1.32	0.09	87.30	0.18	10.46	1.50	37.44
四川	0.84	1.03	0.11	81.00	0.23	130.29	1.19	20.51
贵州	0.41	0.82	0.04	56.77	0.19	9.17	0.92	21.10
云南	0.49	1.24	0.12	81.15	0.19	5.91	0.72	22.03
西藏	0.07	0.12	0.04	82.61	0.10	16.48	3.55	10.72
陕西	0.61	1.30	0.11	78.07	0.28	7.05	1.18	14.57
甘肃	0.83	0.89	0.08	78.82	0.23	9.58	3.01	12.78
青海	0.60	1.17	0.09	87.17	0.18	5.28	1.84	12.35
宁夏	0.74	1.15	0.08	81.24	0.20	360.12	16.32	8.07
新疆	0.68	1.34	0.06	66.25	0.30	40.58	3.00	24.59

注1：安徽省国民体质监测达标率数据缺失，用全国平均值代替。

注2：云南省每万人体育社团组织数数据属奇异数据，用其2009数据×该指标全国增长率推算得出。

表 2-14　区域体育事业发展水平评价指标体系 S_2（第二轮）中各二级指标的区分度

指标名称	均值	标准差	变异系数
优秀运动员人数（Y_1）	721.29	422.99	0.59
等级运动员发展人数（Y_2）	1495.81	1075.85	0.72
等级教练员人数（Y_3）	668.71	354.60	0.53
运动成绩（Y_4）	1016.27	906.58	0.89
体育后备人才人数（Y_5）	14351.71	9252.48	0.64
竞技体育经费投入（Y_6）	15989.27	16902.31	1.06
每万人社会体育指导员数（Y_7）	8.27	5.14	0.62
每万人街道（乡镇）群众体育工作人员数（Y_8）	0.64	0.34	0.53
每万人晨、晚练站点数（Y_9）	2.00	1.47	0.74
每万人国民体质测试工作人员数（Y_{10}）	0.17	0.17	0.97
国民体质监测达标率（Y_{11}）	81.11	7.66	0.09
每万人体育社团组织数（Y_{12}）	0.22	0.11	0.51
每万人体育俱乐部会员数（Y_{13}）	92.23	156.12	1.69
人均群众体育经费投入（Y_{14}）	2.41	3.46	1.44
人均命名援建各类群众体育场地资金投入（Y_{15}）	29.19	31.41	1.08

由表 2-14 可知，在 15 个评价指标中，国民体质监测达标率的变异系数为 0.09，说明该指标对评价对象的区分能力很弱，因此可将这个指标从评价指标体系中删除，还剩下 14 个评价指标，由这 14 个指标构成第三轮，也是最终的区域体育事业发展水平评价指标体系，如表 2-15 所示。

表 2-15　区域体育事业发展水平评价指标体系

评价目标	一级指标	二级指标	取值单位	指标说明
区域体育事业发展水平	竞技体育	优秀运动员人数	人	在队及待分优秀运动员人数
		等级运动员发展人数	人	当年发展的二级及以上运动员人数
		等级教练员人数	人	一、二、三线教练人数
		运动成绩	分	最近一届全国运动会综合得分
		体育后备人才人数	人	二、三线队员数
		竞技体育经费投入	万元	体育事业经费支出中体育竞赛费、体育训练费之和

续表

评价目标	一级指标	二级指标	取值单位	指标说明
区域体育事业发展水平	群众体育	每万人社会体育指导员数	人/万人	公益与职业指导员每万人人数之和
		每万人街道（乡镇）群众体育工作人员数	个/万人	每万人街道（乡镇）群众体育管理机构专职与兼职人员之和
		每万人晨、晚练站点数	个/万人	当年末累计站点总数
		每万人国民体质测试工作人员数	人/万人	国家级、省级、地市级、县区各级测试队的技术人员和在测试中进行服务的人员总数
		每万人体育社团组织数	人/万人	单项运动项目、综合运动项目群众体育每万人组织数之和
		每万人体育俱乐部会员数	人/万人	每万人青少年体育俱乐部、社区体育健身俱乐部、其他体育俱乐部会员数之和
		人均群众体育经费投入	元/人	体育事业经费支出中群众体育经费人均投入
		人均命名援建各类群众体育场地投入	元/人	政府命名、援建的群众体育场地、全民健身中心、全民健身基地、体育公园、其他群众体育场地人均投入之和

四、指标正向化及无量纲化方法

在多指标综合评价中，有些指标取值越大越好，这种指标称为正向指标，比如学生的跳远成绩、肺活量等。有些指标取值越小越好，这种指标称为负向指标，比如学生的100m跑成绩、反应时等。还有些指标取值在某个范围内好，太大或太小都不好，这种指标称为适度指标，比如成年人的血压、脉搏数等。在进行综合评价时，必须将评价指标体系中正向指标、负向指标、适度指标转化为同一类型的指标，实际应用中一般是将负向指标、适度指标转化为正向指标，这一过程称为指标正向化。

此外，由于评价指标体系中各评价指标的计量单位和指标取值的数量级往往会不尽相同，这样各指标对评价对象的影响具有不可比性，只有对其计量单位、取值的数量级进行必要的处理，消除指标的计量单位、指标取值的数量级对评价结果的影响后，才能进行指标数据的合并，计算出评价对象的综合评价结果。这里为消除指标的计量单位、指标取值的数量级对评价结果的影响而对指标所进行的处理就是指标无量纲化。对指标无量纲化处理，是进行指标数据合成的前提。无量纲化的结果会对后续的评价结论产生较大的影响，无量纲化方法是否合理直接关系到最终评价结果的合理性。

指标正向化、无量纲化都有多种方法，应用时，应根据实际情况选择合适的方法，否则将会使综合评价结果准确性受到影响。

（一）指标正向化方法

指标正向化就是将负向指标、适度指标转化为正向指标。对于指标正向化，在目前的各种文献中，有四种不同的方法：倒数法、反数法、逆向法、百分制法。

1. 倒数法

倒数法就是将指标数据的倒数作为正向化后的结果，倒数法正向化公式如下。

对于负向指标：$z_i = \dfrac{1}{x_i}$ $\qquad\qquad\qquad\qquad\qquad\qquad\qquad\qquad$ （2-3）

对于适度指标：$z_i = \dfrac{1}{|x_i - k|}$ $\qquad$（根据实际情况 k 取指标的最优值）$\quad$（2-4）

2. 反数法

反数法就是将指标数据的相反数作为正向化后的结果，反数法正向化公式如下。

对于负向指标：$z_i = -x_i$

对于适度指标：$z_i = -|x_i - k|$ $\qquad$（根据实际情况 k 取指标的最优值）

3. 逆向法

逆向法就是将指标数据的大小关系逆转后的结果作为正向化结果，逆向法正向化公式如下。

对于负向指标：$z_i = \max\limits_{1 \leqslant i \leqslant n}(x_i) - x_i$

对于适度指标：$z_i = \max\limits_{1 \leqslant i \leqslant n}(|x_i - k|) - |x_i - k|$（根据实际情况 k 取指标的最优值）

上述公式中 $\max\limits_{1 \leqslant i \leqslant n}(x_i)$ 表示在 x_1、x_2、$\cdots x_n$ 这 n 个数中取其中最大的数。

4. 百分制法

百分制法就是将负向指标、适度指标的取值转化为 0~100 的一个数，一般通过制定一个合理的评分标准来实现这一转化过程。

例如，50m 跑成绩是一负向指标，可制定如下评价标准，将 50m 跑成绩转化为 50m 跑评分，50m 跑评分是一正向指标。

50m 跑成绩/s	6.7	6.8	6.9	7.0	7.1	7.3	7.5	7.7	7.9	8.1
50m 跑评分	100	95	90	85	80	78	76	74	72	70
50m 跑成绩/s	8.3	8.5	8.7	8.9	9.1	9.3	9.5	9.7	9.9	10.1
50m 跑评分	68	66	64	62	60	50	40	30	20	10

（二）指标无量纲化方法

指标无量纲化是为消除评价指标的计量单位、指标取值的数量级对评价结果的影响而对指标取值进行处理的方法总称。对于无量纲化处理，在目前的各种文献中，有 4 种不同的方法：归一化法、标准化法、均值化法、百分制法。

1. 归一化法

归一化法就是将指标数据转化为 0 ~ 1 的一个数，归一化法无量纲化公式如下。

$$z_i = \frac{x_i - \min_{1 \leq i \leq n}(x_i)}{\max_{1 \leq i \leq n}(x_i) - \min_{1 \leq i \leq n}(x_i)}$$

上述公式中：

$\max_{1 \leq i \leq n}(x_i)$ 表示在 x_1、x_2、$\cdots x_n$ 这 n 个数中取其中最大的数。

$\min_{1 \leq i \leq n}(x_i)$ 表示在 x_1、x_2、$\cdots x_n$ 这 n 个数中取其中最小的数。

2. 标准化法

标准化法无量纲化公式如下。

$$z_i = \frac{x_i - \bar{x}}{s}$$

上式中 $\bar{x}$、s 分别为指标 X 的样本平均值和样本标准差。

3. 均值化法

均值化法无量纲化公式如下。

$$z_i = \frac{x_i}{\bar{x}}$$

上式中 $\bar{x}$ 为指标 X 的样本平均值。

4. 百分制法

百分制法对指标进行无量纲化处理的方法是：根据指标取值特点制定百分制评分标准，从而将所有指标的取值转化为 0 ~ 100 的一个评价分数。

例如，大学一年级男生体质健康评价指标及权重，如表 2 – 16 所示。

表 2 – 16　大学一年级男生体质健康评价指标及权重

评价目标	一级指标		二级指标	
	指标名称	权重	指标名称	权重
大学一年级男生体质健康	身体形态	0.15	BMI	1.0
	身体机能	0.15	肺活量	1.0
	身体素质	0.70	50m 跑	0.29
			坐位体前屈	0.14
			立定跳远	0.14
			引体向上	0.14
			1 000m 跑	0.29

表 2 – 16 的评价指标体系中指标的计量单位、取值的数量级都不一样，对它们进行无量纲化的一种方法就是针对体系指标中所有二级指标制定一个合适的百分制评分标准，如表 2 – 17 所示。

表 2 – 17　大学一年级男生体质健康评分标准

评分	评分标准						
	BMI	肺活量/mL	50m 跑/s	坐位体前屈/cm	立定跳远/cm	引体向上/个	1 000m 跑
100	17.9 ~ 23.9	5 040	6.7	24.9	273	19	3′17″
95		4 920	6.8	23.1	268	18	3′22″
90		4 800	6.9	21.3	263	17	3′27″
85		4 550	7.0	19.5	256	16	3′34″
80	≤17.8, 24.0 ~ 27.9	4 300	7.1	17.7	248	15	3′42″
78		4 180	7.3	16.3	244		3′47″
76		4 060	7.5	14.9	240	14	3′52″
74		3 940	7.7	13.5	236		3′57″

续表

评分	评分标准						
	BMI	肺活量/mL	50m 跑/s	坐位体前屈/cm	立定跳远/cm	引体向上/个	1 000m 跑
72		3 820	7.9	12.1	232	13	4'02"
70		3 700	8.1	10.7	228		4'07"
68		3 580	8.3	9.3	224	12	4'12"
66		3 460	8.5	7.9	220		4'17"
64		3 340	8.7	6.5	216	11	4'22"
62		3 220	8.9	5.1	212		4'27"
60	≥28.0	3 100	9.1	3.7	208	10	4'32"
50		2 940	9.3	2.7	203	9	4'52"
40		2 780	9.5	1.7	198	8	5'12"
30		2 620	9.7	0.7	193	7	5'32"
20		2 460	9.9	−0.3	188	6	5'52"
10		2 300	10.1	−1.3	183	5	6'12"

通过表 2 - 17 可将学生的体质健康评价指标的取值转化为百分制中的评分,从而实现指标的无量纲化。

第三章 综合评价指标权重理论

一、权重的概念与赋权方法

指标权重是反映评价指标体系中某指标相对其他指标而言的重要程度，它既是决策者的主观评价，也是指标物理属性的客观反映，是主客观综合度量的结果。指标权重的大小一方面取决于指标本身在评价中的作用和指标价值的可靠程度，另一方面取决于决策者对该指标的重视程度。比如一门课程结束后，教师根据学生的平时成绩 A、课程期末考试成绩 B 按下述公式给学生评分。

$$Y = 0.3 \times A + 0.7 \times B$$

上式中，Y 为学生该门课程的总评成绩，0.3 为平时成绩的权重，0.7 为课程考试成绩的权重。权重代表了平时成绩、课程考试成绩在总评成绩中的比重，如果教师认为平时成绩比较重要，可以将平时成绩的权重调整为 0.4，课程考试成绩的权重调整为 0.6，以加大平时成绩在总成绩中的比重。

在综合评价中，评价指标体系中各指标权重的确定是非常重要与关键的工作，指标权重的大小直接影响最终评价结果。在以往的研究中，不少学者提出了多种确定权重的方法，如杨青、卢浩（2010）先用变异系数法、距优平方和法确定"经济－社会保障"二维复合系统评价指标体系中各指标的权重，然后用组合客观赋权法得到指标体系各指标的权重。王道平、王煦（2010）先用层次分析法确定钢铁企业绿色供应商选取指标的权重，然后用熵值法对层次分析法所确定的指标权重进行调整，得到钢铁企业绿色供应商选取指标最后的权重。王维国、杨晓华（2005）对评价指标体系中的指标进行因子分析，用因子贡献率作为权重，对因子得分进行加权，得到各省人口素质及经济发展状况的综合得分。朱迎春（2009）用层次分析法、熵值法确定区域"高等教育—经济"系统协调发展指标体系中各指标的权重，然后用组合主客观赋权法得到指标体系中各指标的权重。这方面的研究文献还有很多很多，这里不再一一列举。

概括起来确定指标权重的方法可以分为 3 类：客观赋权法、主观赋权法、组合赋权法。具体的赋权方法如表 3 – 1 所示。

表 3 – 1　常用赋权方法

客观赋权法	主观赋权法	组合赋权法
变异系数法，熵值法，距优平方和法，灰色关联法，主成分与因子分析法	德尔菲法、层次分析法	组合客观赋权法，组合主观赋权法，组合主客观赋权法

客观赋权法是根据评价指标取值的变异程度或评价指标间的相关关系来确定指标权重的方法，可在一定程度上避免主观赋权法带来的主观偏差。

主观赋权法是根据评判者自身知识与经验来确定指标权重的方法，具有主观性与模糊性的特点，任何单个评判者给出的权重都不可避免地带有较浓的"个人色彩"。

组合赋权法是用多种赋权方法对指标进行赋权，然后将多种方法所得指标权重进行综合从而得到指标最终权重的赋权方法，该方法克服了用一种方法给指标赋权所带来的片面性问题，使赋权结果更加科学合理。

二、客观赋权法

（一）变异系数赋权法

变异系数赋权法的原理是：根据指标在所有评价对象上观测值的变异程度大小来确定指标权重的大小，如果某指标的变异程度大，则说明该指标能够较好地区分各个评价对象在该方面的情况，应赋予该指标较大的权重；反之，则赋予该指标较小的权重。

用变异系数赋权法确定 m 个指标 X_1、X_2、$X_3 \cdots X_m$ 中各指标权重方法如下。

首先，按下列公式计算出各指标 X_i（$i = 1$，2，$\cdots$，m）的变异系数。

$$V_i = \frac{S_i}{\overline{X}_i} \qquad (i = 1, \ 2 \cdots, \ m) \qquad\qquad (3-1)$$

公式（3 – 1）中 $V_i(i = 1,2,\cdots,m)$ 为指标 $X_i(i = 1,2,\cdots,m)$ 的变异系数，$\overline{X}_i$ 为

指标 $X_i(i = 1,2,\cdots,m)$ 的平均数，$S_i(i = 1,2,\cdots,m)$ 为指标 $X_i(i = 1,2,\cdots,m)$ 的标准差。

然后将各指标的变异系数 $V_i(i = 1,2,\cdots,m)$ 带入下式进行归一化处理，得到各指标的权重。

$$W_i = \frac{V_i}{V_1 + V_2 + \cdots + V_m} \qquad (i = 1,2\cdots,m) \qquad (3-2)$$

公式（3-2）中 $W_i(i = 1,2,\cdots,m)$ 为指标 $X_i(i = 1,2,\cdots,m)$ 的权重，$V_i(i = 1,2,\cdots,m)$ 为指标 $X_i(i = 1,2,\cdots,m)$ 的变异系数。

例3-1 为评价我国省级区域竞技体育发展水平，选取优秀运动员人数（X_1）、等级运动员发展人数（X_2）、等级教练员人数（X_3）、运动成绩（X_4）、体育后备人才人数（X_5）、竞技体育经费投入（X_6）作为评价指标，我国31个省级区域2009年这些指标取值如表3-2所示。

表3-2 省级区域竞技体育发展水平评价指标取值（2009年数据）

省区市	X_1	X_2	X_3	X_4	X_5	X_6
北京	1 024	1 784	686	1 753.00	10 563	8 581.40
天津	773	1193	523	1 081.50	5 054	2 720.30
河北	753	2 596	931	1 305.00	19 641	4 192.60
山西	339	1084	717	567.00	10 939	9 340.00
内蒙古	885	800	415	422.75	15 242	7 025.70
辽宁	1 392	2 817	1 322	2 574.50	19 033	24 648.20
吉林	601	1 131	634	718.00	5 519	9 887.60
黑龙江	1 195	1 125	1 050	1 302.50	15 433	39 733.00
上海	952	1 641	1 078	2 547.25	12 628	52 337.10
江苏	1 351	3 036	983	2 679.00	25 935	67 034.40
浙江	889	2 408	781	1 515.00	20 746	17 964.60
安徽	623	1 997	687	736.50	13 737	6 590.40
福建	1 471	1 203	885	996.50	13 415	22 537.30
江西	583	354	623	464.00	9 325	8 638.30
山东	1 854	3 987	1 379	3 220.00	21 750	49 906.70
河南	774	3 408	818	783.00	21 671	10 812.50

续表

省区市	X_1	X_2	X_3	X_4	X_5	X_6
湖北	652	1 508	866	848.00	14 326	6 051.70
湖南	550	1 537	800	756.50	17 017	10 640.50
广东	848	2 561	952	2 827.25	36 222	44 642.70
广西	582	1 039	629	413.75	16 438	9 841.20
海南	99	177	122	96.00	2 282	2 202.00
重庆	377	758	238	252.50	11 153	6 729.90
四川	1 124	3 516	1 090	1 563.50	42 411	16 717.90
贵州	220	451	110	212.75	10 530	3 998.10
云南	357	1 457	377	368.25	7 275	10 744.10
西藏	134	24	48	70.25	501	3 549.50
陕西	293	727	721	537.00	18 725	9 324.50
甘肃	552	1 099	457	317.25	11 350	7 163.30
青海	299	175	158	81.00	3 180	1 782.20
宁夏	379	276	152	154.00	1 681	2 218.00
新疆	435	501	498	341.00	11 181	18 111.60

试用变异系数赋权法给各评价指标赋权。

首先，用公式（3-1）计算各指标的变异系数，结果见表3-3。

表3-3　竞技体育发展水平评价指标的变异系数

指标名称	均值	标准差	变异系数
优秀运动员人数（X_1）	721.29	422.99	0.59
等级运动员发展人数（X_2）	1 495.81	1 075.85	0.72
等级教练员人数（X_3）	668.71	354.60	0.53
运动成绩（X_4）	1 016.27	906.58	0.89
体育后备人才人数（X_5）	14 351.71	9 252.48	0.64
竞技体育经费投入（X_6）	15 989.27	16 902.31	1.06

然后将表3-3中各指标的变异系数代入公式（3-2）计算出各指标的权重，结果如下。

指标 X_1 的权重 $W_1 = \dfrac{0.59}{0.59 + 0.72 + 0.53 + 0.89 + 0.64 + 1.06} = 0.13$

指标 X_2 的权重 $W_2 = \dfrac{0.72}{0.59 + 0.72 + 0.53 + 0.89 + 0.64 + 1.06} = 0.16$

指标 X_3 的权重 $W_3 = \dfrac{0.53}{0.59 + 0.72 + 0.53 + 0.89 + 0.64 + 1.06} = 0.12$

指标 X_4 的权重 $W_4 = \dfrac{0.89}{0.59 + 0.72 + 0.53 + 0.89 + 0.64 + 1.06} = 0.20$

指标 X_5 的权重 $W_5 = \dfrac{0.64}{0.59 + 0.72 + 0.53 + 0.89 + 0.64 + 1.06} = 0.15$

指标 X_6 的权重 $W_6 = \dfrac{1.06}{0.59 + 0.72 + 0.53 + 0.89 + 0.64 + 1.06} = 0.24$

（二）距优平方和赋权法

距优平方和赋权法的基本原理是：根据指标在所有评价对象上观测值的距优平方和大小来确定指标的权重大小，距优平方和越大的指标，其权重也相对越大。

设有 n 个评价对象，m 个评价指标：X_1、X_2、$X_3 \cdots X_m$，第 i 个评价对象在第 j 个指标 X_j 上的观察值记为 x_{ij}，则 n 个评价对象在 m 个指标上的所有观测值可用如下矩阵 X 表示。

$$X = \begin{pmatrix} x_{11} & x_{12} & \cdots & x_{1m} \\ x_{21} & x_{22} & \cdots & x_{2m} \\ \cdots & \cdots & \cdots & \cdots \\ x_{n1} & x_{n2} & \cdots & x_{nm} \end{pmatrix}$$

用距优平方和赋权法确定指标 X_j（$j = 1$，2，$\cdots$，m）权重的方法如下。

第 1 步：对评价指标 X_j（$j = 1$，2，$\cdots$，m）的观测值 x_{ij} 进行标准化。

按下述公式对指标 X_j（$j = 1$，2，$\cdots$，m）的观测值 x_{ij} 进行标准化：

$$Z_{ij} = \frac{x_{ij} - \min\limits_{1 \le j \le m}(x_{1j}, x_{2j}, \cdots, x_{nj})}{\max\limits_{1 \le j \le m}(x_{1j}, x_{2j}, \cdots, x_{nj}) - \min\limits_{1 \le j \le m}(x_{1j}, x_{2j}, \cdots, x_{nj})} \qquad (3-3)$$

$$(i = 1, 2, \cdots, n; j = 1, 2, \cdots, m)$$

公式（3-3）中 Z_{ij} 为与 x_{ij} 相对应的标准化后的取值，$\max\limits_{1 \le j \le m}(x_{1j}, x_{2j}, \cdots, x_{nj})$ 为第 j 个指标 X_j 的 n 个取值中最大值，$\min\limits_{1 \le j \le m}(x_{1j}, x_{2j}, \cdots, x_{nj})$ 为第 j 个指标 X_j 的 n 个取值中最小值。

公式（3-3）中的分母其实就是第 j 个指标 X_j 的极差。

经公式（3-3）处理后，观测值矩阵 $\boldsymbol{X}$ 变为如下标准化矩阵 $\boldsymbol{Z}$：

$$\boldsymbol{Z} = \begin{pmatrix} z_{11} & z_{12} & \cdots & z_{1m} \\ z_{21} & z_{22} & \cdots & z_{2m} \\ \cdots & \cdots & \cdots & \cdots \\ z_{n1} & z_{n2} & \cdots & z_{nm} \end{pmatrix}$$

第 2 步：计算各指标的距优平方和。

按下列公式计算各指标的距优平方和：

$$L_j = \sum_{i=1}^{n} Z_{ij}^2 \quad (j = 1, 2, \cdots, m) \tag{3-4}$$

上式中，L_j 为指标 X_j 的距优平方和，z_{ij} 为标准化矩阵 $\boldsymbol{Z}$ 中元素。

第 3 步：将各指标距优平方和进行归一化处理。

将各指标的距优平方和数据 L_j 代入下式进行归一化处理：

$$W_j = \frac{L_j}{L_1 + L_2 + L_3 + \cdots + L_m} \quad (j = 1, 2 \cdots, m) \tag{3-5}$$

上式中，W_j 为指标 X_j 的权重，L_j 为指标 X_j 的距优平方和。

例 3-2 试用距优平方和赋权法给例 3-1 中省级区域竞技体育发展水平各评价指标赋权。

第 1 步：对例 3-1 中省级区域竞技体育发展水平各评价指标观测值进行标准化。

对评价指标 X_1（优秀运动员人数）的观测值进行标准化。

评价指标 X_1（优秀运动员人数）的最大值为 1854（山东省的数据），最小值为 99（海南省的数据），由公式（3-3）可得对其进行标准化的公式如下。

$$Z_{i1} = \frac{x_{i1} - 99}{1\,854 - 99} = \frac{x_{i1} - 99}{1\,755} \tag{3-6}$$

利用公式（3-6）对评价指标 X_1（优秀运动员人数）的观测值进行标准化，结果如下。

北京的标准化值 $Z_{11} = \dfrac{x_{11} - 99}{1\,755} = \dfrac{1\,024 - 99}{1\,755} = 0.527\,1$

天津的标准化值 $Z_{21} = \dfrac{x_{21} - 99}{1\,755} = \dfrac{773 - 99}{1\,755} = 0.384\,0$

河北的标准化值 $Z_{31} = \dfrac{x_{31}-99}{1\ 755} = \dfrac{753-99}{1\ 755} = 0.372\ 6$

其他省（市、区）的标准化值可类似计算，结果如表3-4第二列所示。

用上面对评价指标 X_1（优秀运动员人数）的观测值进行标准化一样的方法，利用公式（3-3）对指标 X_2、X_3、X_4、X_5、X_6 的观测值进行标准化，结果如表3-4所示。

表3-4　距优平方和赋权法对竞技体育发展水平评价指标观测值进行标准化结果

省区市	X_1	X_2	X_3	X_4	X_5	X_6
北京	0.527 1	0.444 1	0.479 3	0.534 2	0.240 1	0.104 2
天津	0.384 0	0.295 0	0.356 9	0.321 1	0.108 6	0.014 4
河北	0.372 6	0.649 0	0.663 4	0.392 0	0.456 7	0.036 9
山西	0.136 8	0.267 5	0.502 6	0.157 7	0.249 1	0.115 8
内蒙古	0.447 9	0.195 8	0.275 7	0.111 9	0.351 7	0.080 4
辽宁	0.736 8	0.704 8	0.957 2	0.795 1	0.442 2	0.350 4
吉林	0.286 0	0.279 3	0.440 3	0.205 7	0.119 7	0.124 2
黑龙江	0.624 5	0.277 8	0.752 8	0.391 2	0.356 3	0.581 6
上海	0.486 0	0.408 0	0.773 9	0.786 4	0.289 4	0.774 8
江苏	0.713 4	0.760 0	0.702 5	0.828 2	0.606 9	1.000 0
浙江	0.450 1	0.601 6	0.550 0	0.458 7	0.483 1	0.248 0
安徽	0.298 6	0.497 9	0.480 1	0.211 5	0.315 8	0.073 7
福建	0.781 8	0.297 5	0.628 9	0.294 1	0.308 1	0.318 1
江西	0.275 8	0.083 3	0.432 0	0.125 0	0.210 5	0.105 1
山东	1.000 0	1.000 0	1.000 0	1.000 0	0.507 0	0.737 5
河南	0.384 6	0.853 9	0.578 5	0.226 3	0.505 1	0.138 4
湖北	0.315 1	0.374 5	0.614 6	0.246 9	0.329 9	0.065 4
湖南	0.257 0	0.381 8	0.565 0	0.217 9	0.394 1	0.135 8
广东	0.426 8	0.640 2	0.679 2	0.875 3	0.852 3	0.656 8
广西	0.275 2	0.256 1	0.436 5	0.109 1	0.380 3	0.123 5
海南	0.000 0	0.038 6	0.055 6	0.008 2	0.042 5	0.006 4
重庆	0.158 4	0.185 2	0.142 7	0.057 9	0.254 2	0.075 8

省区市	X_1	X_2	X_3	X_4	X_5	X_6
四川	0.584 0	0.881 2	0.782 9	0.474 1	1.000 0	0.228 9
贵州	0.068 9	0.107 7	0.046 6	0.045 2	0.239 3	0.034 0
云南	0.147 0	0.361 6	0.247 2	0.094 6	0.161 6	0.137 3
西藏	0.019 9	0.000 0	0.000 0	0.000 0	0.000 0	0.027 1
陕西	0.110 5	0.177 4	0.505 6	0.148 2	0.434 8	0.115 6
甘肃	0.258 1	0.271 3	0.307 3	0.078 4	0.258 9	0.082 5
青海	0.114 0	0.038 1	0.082 6	0.003 4	0.063 9	0.000 0
宁夏	0.159 5	0.063 6	0.078 1	0.026 6	0.028 2	0.006 7
新疆	0.191 5	0.120 4	0.338 1	0.086 0	0.254 8	0.250 3

第2步：计算省级区域竞技体育发展水平各评价指标的距优平方和。

计算评价指标 X_1（优秀运动员人数）的距优平方和。

将表3-4中指标 X_1 的标准化后数据代入公式（3-4）计算评价指标 X_1 的距优平方和 L_1，计算过程与结果如下。

$$L_1 = \sum_{i=1}^{31} (Z_{i1})^2 = (z_{11})^2 + (z_{21})^2 + (z_{31})^2 + \cdots + (z_{31,1})^2$$
$$= 0.527 1^2 + 0.384 0^2 + 0.372 6^2 + \cdots + 0.191 5^2$$
$$= 5.640 3$$

类似可计算出指标 X_2、X_3、X_4、X_5、X_6 的距优平方和，结果如下。

评价指标 X_2（等级运动员发展人数）的距优平方和 $L_2 = 6.486 7$

评价指标 X_3（等级教练员人数）的距优平方和 $L_3 = 8.871 2$

评价指标 X_4（运动成绩）的距优平方和 $L_4 = 5.281 8$

评价指标 X_5（体育后备人才人数）的距优平方和 $L_5 = 4.848 1$

评价指标 X_6（竞技体育经费投入）的距优平方和 $L_6 = 3.482 4$

第3步：将省级区域竞技体育发展水平各评价指标距优平方和进行归一化处理。

将指标 X_1、X_2、X_3、X_4、X_5、X_6 的距优平方和代入公式（3-5）进行归一化处理，得各指标的权重，结果如下。

指标 X_1 的权重 $W_1 = \dfrac{5.640\ 3}{5.640\ 3 + 6.486\ 7 + 8.871\ 2 + 5.281\ 8 + 4.848\ 1 + 3.482\ 4}$

$= 0.163\ 0$

指标 X_2 的权重 $W_2 = \dfrac{6.484\ 6}{5.640\ 3 + 6.486\ 7 + 8.871\ 2 + 5.281\ 8 + 4.848\ 1 + 3.482\ 4}$

$= 0.187\ 4$

指标 X_3 的权重 $W_3 = \dfrac{8.871\ 2}{5.640\ 3 + 6.486\ 7 + 8.871\ 2 + 5.281\ 8 + 4.848\ 1 + 3.482\ 4}$

$= 0.256\ 3$

指标 X_4 的权重 $W_4 = \dfrac{5.281\ 6}{5.640\ 3 + 6.486\ 7 + 8.871\ 2 + 5.281\ 8 + 4.848\ 1 + 3.482\ 4}$

$= 0.152\ 6$

指标 X_5 的权重 $W_5 = \dfrac{4.848\ 1}{5.640\ 3 + 6.486\ 7 + 8.871\ 2 + 5.281\ 8 + 4.848\ 1 + 3.482\ 4}$

$= 0.140\ 1$

指标 X_6 的权重 $W_6 = \dfrac{3.482\ 4}{5.640\ 3 + 6.486\ 7 + 8.871\ 2 + 5.281\ 8 + 4.848\ 1 + 3.482\ 4}$

$= 0.100\ 6$

（三）熵值赋权法

熵值赋权是根据评价指标所提供信息量的大小来确定指标权重的赋权方法。在信息论中，用信息熵表示指标蕴含信息量的大小，指标的信息熵越大，则它所蕴含的信息量越小，该指标在综合评价中对应的权重就越小；反之，指标的信息熵越小，则它所蕴含的信息量越大，该指标在综合评价中对应的权重就越大。

设有 n 个评价对象，m 个评价指标：X_1、X_2、$X_3 \cdots X_m$，第 i 个评价对象在第 j 个指标 X_j 上的观察值记为 x_{ij}，则 n 个评价对象在 m 个指标上的所有观测值可用如下矩阵 $\boldsymbol{X}$ 表示。

$$\boldsymbol{X} = \begin{pmatrix} x_{11} & x_{12} & \cdots & x_{1m} \\ x_{21} & x_{22} & \cdots & x_{2m} \\ \cdots & \cdots & \cdots & \cdots \\ x_{n1} & x_{n2} & \cdots & x_{nm} \end{pmatrix}$$

用熵值赋权方法确定评价指标 X_j $(j = 1, 2, \cdots, m)$ 权重的步骤如下。

第1步：计算指标 X_j（$j=1$, 2, $\cdots$, m）的观测值 x_{ij} 的比重。

按下列公式计算指标 X_j（$j=1$, 2, $\cdots$, m）观测值 x_{ij} 的比重 p_{ij}。

$$p_{ij} = \frac{x_{ij}}{x_{1j}+x_{2j}+x_{3j}+\cdots+x_{nj}} \quad (i=1, 2, \cdots, n; j=1, 2, \cdots, m) \tag{3-7}$$

经公式（3-7）处理，观测值矩阵 X 变为如下比重矩阵 $\boldsymbol{P}$。

$$\boldsymbol{P} = \begin{pmatrix} p_{11} & p_{12} & \cdots & p_{1m} \\ p_{21} & p_{22} & \cdots & p_{2m} \\ \cdots & \cdots & \cdots & \cdots \\ p_{n1} & p_{n2} & \cdots & p_{nm} \end{pmatrix}.$$

第2步：计算指标 X_j（$j=1$, 2, $\cdots$, m）的信息熵 e_j。

按下列公式计算指标 X_j（$j=1$, 2, $\cdots$, m）的信息熵 e_j。

$$e_j = -\frac{\sum_{i=1}^{n}(p_{ij}\ln p_{ij})}{\ln n} \quad (j=1, 2, \cdots, m) \tag{3-8}$$

第3步：计算指标 X_j（$j=1$, 2, $\cdots$, m）的差异系数 g_j。

公式（3-7）中，当指标 X_j 在 n 个评价对象上的观测值 $x_{1j}=x_{2j}=x_{3j}=\cdots=x_{nj}$，即 n 个评价对象在指标 X_j 上的取值完全相同时，$p_{ij}=1/n$，此时 e_j 取到最大值，即

$$e_j = -\frac{\sum_{i=1}^{n}(p_{ij}\ln p_{ij})}{\ln n} = -\frac{n \times (\frac{1}{n}\ln\frac{1}{n})}{\ln n} = 1$$

这说明当指标 X_j 在 n 个评价对象上的观测值 x_{1j}、x_{2j}、x_{3j}、$\cdots x_{nj}$ 的差异性越小，指标 X_j 对评价对象的区分能力越弱时，e_j 越大，为此按下式计算指标 X_j 的差异系数 g_j。

$$g_j = 1 - e_j \tag{3-9}$$

第4步：将差异系数进行归一化，得指标的权重。

按下列公式对 g_j 进行归一化处理，得指标 X_j 的权重 W_j。

$$W_j = \frac{g_j}{g_1+g_2+g_3+\cdots+g_m} \quad (j=1, 2, \cdots, m) \tag{3-10}$$

例3-3 试用熵值赋权法确定例3-1中省级区域竞技体育发展水平各评价指标的权重。

第1步：计算指标观测值的比重。

根据公式（3-7）计算观测值 x_{11}（即表3-2中北京在指标 X_1 上的取值）的

比重 p_{11}，结果如下。

$$p_{11} = \frac{x_{11}}{x_{11} + x_{21} + x_{31} + \cdots + x_{31,1}} = \frac{1\ 024}{1\ 024 + 773 + 753 + \cdots + 435} = 0.045\ 8$$

观测值 x_{21}（即表 3-2 中天津在指标 X_1 上的取值）的比重 p_{21} 如下。

$$p_{21} = \frac{x_{21}}{x_{11} + x_{21} + x_{31} + \cdots + x_{31,1}} = \frac{773}{1\ 024 + 773 + 753 + \cdots + 435} = 0.034\ 6$$

观测值 x_{31}（即表 3-2 中河北在指标 X_1 上的取值）的比重 p_{31} 如下。

$$p_{31} = \frac{x_{31}}{x_{11} + x_{21} + x_{31} + \cdots + x_{31,1}} = \frac{753}{1\ 024 + 773 + 753 + \cdots + 435} = 0.033\ 7$$

类似可计算出所有观测值 x_{ij} 的比重 p_{ij}，结果如表 3-5 所示。

表 3-5　省级区域竞技体育发展水平评价指标观测值的比重

省区市	X_1	X_2	X_3	X_4	X_5	X_6
北京	0.045 8	0.038 5	0.033 1	0.055 6	0.023 7	0.017 3
天津	0.034 6	0.025 7	0.025 2	0.034 3	0.011 4	0.005 5
河北	0.033 7	0.056 0	0.044 9	0.041 4	0.044 1	0.008 5
山西	0.015 2	0.023 4	0.034 6	0.018 0	0.024 6	0.018 8
内蒙古	0.039 6	0.017 3	0.020 0	0.013 4	0.034 3	0.014 2
辽宁	0.062 3	0.060 8	0.063 8	0.081 7	0.042 8	0.049 7
吉林	0.026 9	0.024 4	0.030 6	0.022 8	0.012 4	0.019 9
黑龙江	0.053 4	0.024 3	0.050 7	0.041 3	0.034 7	0.080 2
上海	0.042 6	0.035 4	0.052 0	0.080 9	0.028 4	0.105 6
江苏	0.060 4	0.065 5	0.047 4	0.085 0	0.058 3	0.135 2
浙江	0.039 8	0.051 9	0.037 7	0.048 1	0.046 6	0.036 2
安徽	0.027 9	0.043 1	0.033 1	0.023 4	0.030 9	0.013 3
福建	0.065 8	0.025 9	0.042 7	0.031 6	0.030 2	0.045 5
江西	0.026 1	0.007 6	0.030 1	0.014 7	0.021 0	0.017 4
山东	0.082 9	0.086 0	0.066 5	0.102 2	0.048 9	0.100 7
河南	0.034 6	0.073 5	0.039 5	0.024 9	0.048 7	0.021 8
湖北	0.029 2	0.032 5	0.041 8	0.026 9	0.032 2	0.012 2
湖南	0.024 6	0.033 1	0.038 6	0.024 0	0.038 2	0.021 5
广东	0.037 9	0.055 2	0.045 9	0.089 7	0.081 4	0.090 1
广西	0.026 0	0.022 4	0.030 3	0.013 1	0.036 9	0.019 9

续表

省区市	X_1	X_2	X_3	X_4	X_5	X_6
海南	0.004 4	0.003 8	0.005 9	0.003 0	0.005 1	0.004 4
重庆	0.016 9	0.016 3	0.011 5	0.008 0	0.025 1	0.013 6
四川	0.050 3	0.075 8	0.052 6	0.049 6	0.095 3	0.033 7
贵州	0.009 8	0.009 7	0.005 3	0.006 8	0.023 7	0.008 1
云南	0.016 0	0.031 4	0.018 2	0.011 7	0.016 4	0.021 7
西藏	0.006 0	0.000 5	0.002 3	0.002 2	0.001 1	0.007 2
陕西	0.013 1	0.015 7	0.034 8	0.017 0	0.042 1	0.018 8
甘肃	0.024 7	0.023 7	0.022 0	0.010 1	0.025 5	0.014 5
青海	0.013 4	0.003 8	0.007 6	0.002 6	0.007 1	0.003 6
宁夏	0.016 9	0.006 0	0.007 3	0.004 9	0.003 8	0.004 5
新疆	0.019 5	0.010 8	0.024 0	0.010 8	0.025 1	0.036 5

第2步：计算省级区域竞技体育发展水平各评价指标的信息熵 e_j。

计算省级区域竞技体育发展水平评价指标 X_1（优秀运动员人数）的信息熵 e_1。

将 $n=31$、表 $3-5$ 中指标 X_1 的数据作为 p_{ij} 代入公式（$3-8$）可计算出评价指标 X_1（优秀运动员人数）的信息熵 e_1，计算过程与结果如下。

$$e_1 = -\frac{p_{11}\ln p_{11} + p_{21}\ln p_{21} + p_{31}\ln p_{31} \cdots + p_{31,1}\ln p_{31,1}}{\ln 31}$$

$$= -\frac{0.045\ 8\ln 0.045\ 8 + 0.034\ 6\ln 0.034\ 6 + 0.033\ 7\ln 0.033\ 7 + \cdots + 0.019\ 5\ln 0.019\ 5}{\ln 31}$$

$$= -\frac{-3.268\ 8}{\ln 31} = 0.951\ 9$$

类似可计算出指标 X_2、X_3、X_4、X_5、X_6 的信息熵，结果如下。

评价指标 X_2（等级运动员发展人数）的信息熵 $e_2 = 0.924\ 8$

评价指标 X_3（等级教练员人数）的信息熵 $e_3 = 0.954\ 0$

评价指标 X_4（运动成绩）的信息熵 $e_4 = 0.895\ 4$

评价指标 X_5（体育后备人才人数）的信息熵 $e_5 = 0.941\ 4$

评价指标 X_6（竞技体育经费投入）的信息熵 $e_6 = 0.874\ 1$

第3步：计算竞技体育发展水平各评价指标的差异系数 g_j。

利用公式（$3-9$）计算评价指标 X_1、X_2、X_3、X_4、X_5、X_6 的差异系数 g_j，结果如下。

评价指标 X_1（优秀运动员人数）的差异系数 $g_1 = 1 - 0.951\ 9 = 0.048\ 1$

评价指标 X_2（等级运动员发展人数）的差异系数 $g_2 = 1 - 0.924\ 8 = 0.075\ 2$

评价指标 X_3（等级教练员人数）的差异系数 $g_3 = 1 - 0.954\ 0 = 0.046\ 0$

评价指标 X_4（运动成绩）的差异系数 $g_4 = 1 - 0.895\ 4 = 0.104\ 6$

评价指标 X_5（体育后备人才人数）的差异系数 $g_5 = 1 - 0.941\ 4 = 0.058\ 6$

评价指标 X_6（竞技体育经费投入）的差异系数 $g_6 = 1 - 0.874\ 1 = 0.125\ 9$

第4步：将差异系数进行归一化，得指标的权重。

将指标 X_1、X_2、X_3、X_4、X_5、X_6 的差异系数代入公式（3 - 10）进行归一化处理，得各指标的权重，结果如下。

指标 X_1 的权重：

$$W_1 = \frac{0.048\ 1}{0.048\ 1 + 0.075\ 2 + 0.046\ 0 + 0.104\ 6 + 0.058\ 6 + 0.125\ 9} = 0.104\ 9$$

指标 X_2 的权重：

$$W_2 = \frac{0.075\ 2}{0.048\ 1 + 0.075\ 2 + 0.046\ 0 + 0.104\ 6 + 0.058\ 6 + 0.125\ 9} = 0.164\ 1$$

指标 X_3 的权重：

$$W_3 = \frac{0.046\ 0}{0.048\ 1 + 0.075\ 2 + 0.046\ 0 + 0.104\ 6 + 0.058\ 6 + 0.125\ 9} = 0.100\ 3$$

指标 X_4 的权重：

$$W_4 = \frac{0.104\ 6}{0.048\ 1 + 0.075\ 2 + 0.046\ 0 + 0.104\ 6 + 0.058\ 6 + 0.125\ 9} = 0.228\ 1$$

指标 X_5 的权重：

$$W_5 = \frac{0.058\ 6}{0.048\ 1 + 0.075\ 2 + 0.046\ 0 + 0.104\ 6 + 0.058\ 6 + 0.125\ 9} = 0.128\ 7$$

指标 X_6 的权重：

$$W_6 = \frac{0.125\ 9}{0.048\ 1 + 0.075\ 2 + 0.046\ 0 + 0.104\ 6 + 0.058\ 6 + 0.125\ 9} = 0.274\ 8$$

（四）因子分析赋权法

在因子分析综合评价模型中，通过对评价指标进行因子分析，提取少数几个不相关的公因子，计算公因子得分，用公因子得分对评价对象进行综合评价。

用公因子得分对评价对象进行综合评价时需要确定各公因子的权重，由于每个公因子都有一个对应的特征值，而特征值的大小又反映了公因子的重要程度，因此可以根据各公因子的特征值大小来确定它们的权重，我们称这种根据公因子的特征值大小来确定权重的赋权方法为因子分析赋权法。

本书第四章第三节会对因子分析综合评价模型进行详细的介绍，这里只给出因子分析赋权法的步骤。

因子分析赋权法步骤如下。

第 1 步：对评价指标进行因子分析，提取 k 个公因子，设旋转后 k 个公因子的特征值分别为 T_1、T_2、$T_3 \cdots T_k$，k 个公因子记为 F_1、F_2、$F_3 \cdots F_k$。

第 2 步：对所提取 k 个公因子旋转后的特征值进行归一化处理，得各公因子 F_j 的权重 W_j。

将所提 k 个公因子旋转后的特征值 T_1、T_2、$T_3 \cdots T_k$ 代入下列公式进行归一化处理，得各公因子 F_j 的权重 W_j。

$$W_j = \frac{T_j}{T_1 + T_2 + T_3 + \cdots + T_k} \qquad (j = 1, 2, \cdots, k) \qquad (3-11)$$

上式中 W_j 为公因子 F_j 的权重。

例 3-4　用基于因子分析的综合评价方法对例 3-1 中我国省级区域竞技体育发展水平进行综合评价，用因子分析赋权法确定各公因子的权重。

第 1 步：对例 3-1 中 6 个评价指标进行因子分析，提取公因子。

对 6 个评价指标进行因子分析，具体设置为：用主成分法提取公因子，根据公因子特征值累计贡献率达 85% 以上这一原则确定提取 2 个公因子，对因子载荷矩阵进行方差极大正交旋转，因子提取结果见表 3-6。

表 3-6　对省级区域竞技体育发展水平评价指标做因子分析时因子提取结果

成分	初始特征值			所提公因子特征值及其贡献率			旋转后公因子特征值及其贡献率		
	合计	方差/%	累积/%	特征值	方差/%	累积/%	特征值	方差/%	累积/%
1	4.585	76.412	76.412	4.585	76.412	76.412	2.814	46.904	46.904
2	0.637	10.617	87.029	0.637	10.617	87.029	2.407	40.125	87.029
3	0.363	6.058	93.087						
4	0.185	3.079	96.166						
5	0.147	2.447	98.613						
6	0.083	1.387	100.000						
因子提取方法：主成分分析法									

从表 3-6 可知所提 2 个公因子旋转后的特征值分别为 $T_1 = 2.814$，$T_2 = 2.407$。

第 2 步：对所提取 2 个公因子的特征值进行归一化处理，得各公因子 F_j 的权重 W_j。

将所提 2 个公因子旋转后的特征值 $T_1 = 2.814$、$T_2 = 2.407$ 代入公式（3-11），对 T_1、T_2 进行归一化，得 2 个公因子 F_1、F_2 的权重 W_1、W_2，结果如下。

公因子 F_1 的权重 $W_1 = \dfrac{2.814}{2.814 + 2.407} = 0.539$

公因子 F_2 的权重 $W_2 = \dfrac{2.407}{2.814 + 2.407} = 0.461$

三、主观赋权法

（一）德尔菲赋权法

德尔菲赋权法也称专家赋权法，是专家利用自身经验与知识来确定评价指标体系中各指标权重的一种赋权方法。德尔菲赋权法步骤如下。

（1）编制专家调查问卷。专家问卷中首先应给出完整的指标体系、指标取值单位、指标说明，让专家对指标体系有一个整体的了解。然后再让专家对一级指标、各一级指标包含的二级指标赋权。问卷中还要说明赋权的方法，特别是要求专家赋权的归一化要求，规范的专家问卷见附录 2。

（2）进行第一轮专家调查。一般选取本专业领域中既有实践工作经验又有较好理论基础的专家作为调查对象，人数 10~30 人。

（3）对回收的专家调查问卷进行处理，计算出各评价指标的平均权重、标准差。

（4）进行新一轮调查。将前轮调查所得各指标权重的平均值、标准差信息反馈给各位专家，要求专家根据反馈的信息再次给各指标赋权。

重复第三、第四步，直到专家给各指标赋权结果的标准差达到足够小，表示各位专家意见基本趋于一致，此时可结束专家调查。

（5）对每一个指标，计算最后一轮专家所定权重的平均值，以平均值作为该指标的最终权重。

（二）层次分析赋权法

1. 层次分析法与判断矩阵

所谓层次分析赋权就是用层次分析方法对指标进行赋权。层次分析法（Analytic Hierarchy Process，简记 AHP）是 20 世纪 70 年代由美国运筹学教授 T. L. Saaty 提出的一种系统分析方法。

在综合评价中，要给 n 个指标赋权，当 $n \geqslant 3$ 时，专家一般很难给出一组合适的权重数据。然而，若从中任取 2 个指标进行对比，在行的专家一般都可以用"同等重要""稍微重要""明显重要""十分重要""极其重要"等定性语言说明它们的重要性程度。

例如：让专家对某一指标体系的 5 个一级指标 X_1、X_2、X_3、X_4、X_5 给出一组权重值，这时任何专家都很难给出一组合适的权重数据。但将 X_1 与 X_2 相比，让专家在"极其重要""十分重要""明显重要""稍微重要""同等重要""稍微不重要""明显不重要""十分不重要""极其不重要"等定性描述中选择，则是件比较容易的事，专家都能给出明确选择。这时与其让专家为每个指标确定一个权重，不如将 X_1、X_2、X_3、X_4、X_5 两两对比，制成表 3-7 所示的调查表，让专家对这 5 个指标两两相比的重要性进行选择。

表 3-7　指标两两间重要性比较结果

比较对象	极其重要	十分重要	明显重要	稍微重要	同等重要	稍微不重要	明显不重要	十分不重要	极其不重要
X_1 与 X_2 相比						√			
X_1 与 X_3 相比			√						
X_1 与 X_4 相比				√					
X_1 与 X_5 相比				√					
X_2 与 X_3 相比		√							
X_2 与 X_4 相比			√						
X_2 与 X_5 相比			√						
X_3 与 X_4 相比						√			
X_3 与 X_5 相比							√		
X_4 与 X_5 相比					√				

注：表中"√"代表专家的选择结果。

Saaty 建议将"极其重要""十分重要""明显重要""稍微重要""同等重要""稍微不重要""明显不重要""十分不重要""极其不重要"这些定性语言量化，然后根据量化的结果计算各指标的权重，并给出了如下量化方法。

表 3-8 两指标相比重要性量化规则

指标 X 与 Y 相比	取值	指标 X 与 Y 相比	取值
X 与 Y 同等重要	1		
X 比 Y 稍微重要	3	X 比 Y 稍微不重要	1/3
X 比 Y 明显重要	5	X 比 Y 明显不重要	1/5
X 比 Y 十分重要	7	X 比 Y 十分不重要	1/7
X 比 Y 极其重要	9	X 比 Y 极其不重要	1/9
X 比 Y 处于上述两者之间	2，4，6，8	X 比 Y 处于上述两者之间	1/2，1/4，1/6，1/8

根据表 3-8 的量化标准，可将表 3-7 的专家判断结果量化，量化后的结果可用如下矩阵 **D** 表示。

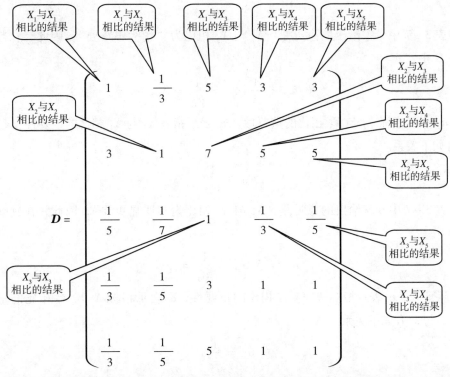

称上述矩阵 **D** 为判断矩阵。层次分析赋权法就是根据判断矩阵采用一定的方法

来计算各指标的权重。

对 m 个指标 X_1、X_2、X_3 ⋯ X_m 进行两两比较,判断矩阵一般记为:

$$A = \begin{pmatrix} a_{11} & a_{12} & a_{13} & \cdots & a_{1m} \\ a_{21} & a_{22} & a_{23} & \cdots & a_{2m} \\ a_{31} & a_{32} & a_{33} & \cdots & a_{3m} \\ \cdots & \cdots & \cdots & & \cdots \\ a_{m1} & a_{m2} & a_{m3} & \cdots & a_{mm} \end{pmatrix}$$

上述判断矩阵 A 中各数代表的含义及相互关系如下:

a_{11} 表示指标 X_1 与 X_1 相比的重要性,a_{22} 表示指标 X_2 与 X_2 相比的重要性,a_{33} 表示指标 X_3 与 X_3 相比的重要性,a_{mm} 表示指标 X_m 与 X_m 相比的重要性。自己与自己相比,当然同等重要,因此判断矩阵中对角线上的数 a_{11}、a_{22}、a_{33} ⋯ a_{mm} 全为 1。

a_{12} 表示指标 X_1 与 X_2 相比的重要性,a_{21} 表示指标 X_2 与 X_1 相比的重要性,a_{12} 与 a_{21} 有如下关系。

$$a_{21} = \frac{1}{a_{12}}$$

表 3-7 中专家给出的意见是:X_1 与 X_2 相比为"稍为不重要",因此,在判断矩阵 D 中:

$$a_{12} = \frac{1}{3}, a_{21} = \frac{1}{a_{12}} = 3$$

a_{13} 表示指标 X_1 与 X_3 相比的重要性,a_{31} 表示指标 X_3 与 X_1 相比的重要性,a_{13} 与 a_{31} 有如下关系。

$$a_{31} = \frac{1}{a_{13}}$$

表 3-7 中专家给出的意见是:X_1 与 X_3 相比为"明显重要",因此,在判断矩阵 D 中

$$a_{13} = 5, a_{31} = \frac{1}{a_{13}} = \frac{1}{5}$$

一般地,a_{ij} 表示指标 X_i 与 X_j 相比的重要性,a_{ji} 表示指标 X_j 与 X_i 相比的重要性,a_{ij} 与 a_{ji} 有如下关系

$$a_{ji} = \frac{1}{a_{ij}}$$

上述关系式说明:在判断矩阵 A 中,对角线右上方的数与其相对应的左下方的

数互为倒数关系，所以对于判断矩阵 A，只需确定其对角线右上角各数的大小即可。

前面的判断矩阵 D 就是根据上述规则，由表 3－7 中专家给出的判定意见转化所得。

2．根据判断矩阵计算指标权重的方法

设有 m 个指标 X_1、X_2、X_3、$\cdots X_m$，对这 m 个指标的重要性进行两两比较，对应的判断矩阵记为：

$$A = \begin{pmatrix} a_{11} & a_{12} & \cdots & a_{1m} \\ a_{21} & a_{22} & \cdots & a_{2m} \\ \cdots & \cdots & \cdots & \cdots \\ a_{m1} & a_{m2} & \cdots & a_{mm} \end{pmatrix}$$

根据上述判断矩阵 A 计算指标权重的方法有 3 种：特征向量法、和法、根法。"和法"计算权重的公式[①]如下。

$$w_i = \frac{1}{m}\left(\frac{a_{i1}}{\sum\limits_{k=1}^{m} a_{k1}} + \frac{a_{i2}}{\sum\limits_{k=1}^{m} a_{k2}} + \cdots + \frac{a_{im}}{\sum\limits_{k=1}^{m} a_{km}} \right) \qquad (i = 1,\ 2,\ \cdots,\ m) \qquad (3-12)$$

公式（3－12）中 w_i 为第 i 个指标 X_i 的权重，m 为指标个数，a_{ij} 为判断矩阵 A 中对应的数。

用上述"和法"公式计算的权重已是归一化权重，不需再进行归一化处理。

下面通过一个实例来说明公式（3－12）的计算过程。

例 3－5　设某专家对 5 个指标 X_1、X_2、X_3、X_4、X_5 两两间重要性进行比较，判断矩阵如下。

$$A = \begin{pmatrix} 1 & 1/2 & 4 & 3 & 3 \\ 2 & 1 & 7 & 5 & 5 \\ 1/4 & 1/7 & 1 & 1/2 & 3 \\ 1/3 & 1/5 & 2 & 1 & 1 \\ 1/3 & 1/5 & 1/3 & 1 & 1 \end{pmatrix}$$

试用公式（3－12）计算 X_1、X_2、X_3、X_4、X_5 这 5 个指标的权重。

判断矩阵 A 是 5 个指标的判断矩阵，因此公式（3－12）中 $m=5$。

---

①　和法计算公式源自:彭祖赠,孙韫玉.模糊（Fuzzy）数学及其应用[M].武汉:武汉大学出版社,2002:148.特征向量法、根法计算方法可参阅该书第 146－150 页。

利用公式（3-12）进行计算时，先计算公式中括号内每一加项的分母部分，即先计算出判断矩阵 A 各列的和。

矩阵 A 第 1 列之和：$\sum\limits_{k=1}^{5} a_{k1} = 1 + 2 + \dfrac{1}{4} + \dfrac{1}{3} + \dfrac{1}{3} = 3.916\,7$

矩阵 A 第 2 列之和：$\sum\limits_{k=1}^{5} a_{k2} = \dfrac{1}{2} + 1 + \dfrac{1}{7} + \dfrac{1}{5} + \dfrac{1}{5} = 2.042\,9$

矩阵 A 第 3 列之和：$\sum\limits_{k=1}^{5} a_{k3} = 4 + 7 + 1 + 2 + \dfrac{1}{3} = 14.333\,3$

矩阵 A 第 4 列之和：$\sum\limits_{k=1}^{5} a_{k4} = 3 + 5 + \dfrac{1}{2} + 1 + 1 = 10.5$

矩阵 A 第 5 列之和：$\sum\limits_{k=1}^{5} a_{k5} = 3 + 5 + 3 + 1 + 1 = 13$

将 $i=1$、$m=5$、各列之和代入公式（3-12）可计算指标 X_1 的权重，结果如下。

$$w_1 = \frac{1}{5}\left(\frac{a_{11}}{3.916\,7} + \frac{a_{12}}{2.042\,9} + \frac{a_{13}}{14.333\,3} + \frac{a_{14}}{10.5} + \frac{a_{15}}{13}\right)$$

$$= \frac{1}{5}\left(\frac{1}{3.916\,7} + \frac{0.5}{2.042\,9} + \frac{4}{14.333\,3} + \frac{3}{10.5} + \frac{3}{13}\right) = 0.259\,1$$

将 $i=2$、$m=5$、各列之和代入公式（3-12）可计算指标 X_2 的权重，结果如下。

$$w_2 = \frac{1}{5}\left(\frac{a_{21}}{3.916\,7} + \frac{a_{22}}{2.042\,9} + \frac{a_{23}}{14.333\,3} + \frac{a_{24}}{10.5} + \frac{a_{25}}{13}\right)$$

$$= \frac{1}{5}\left(\frac{2}{3.916\,7} + \frac{1}{2.042\,9} + \frac{7}{14.333\,3} + \frac{5}{10.5} + \frac{5}{13}\right) = 0.469\,9$$

将 $i=3$、$m=5$、各列之和代入公式（3-12）可计算指标 X_3 的权重，结果如下。

$$w_3 = \frac{1}{5}\left(\frac{a_{31}}{3.916\,7} + \frac{a_{32}}{2.042\,9} + \frac{a_{33}}{14.333\,3} + \frac{a_{34}}{10.5} + \frac{a_{35}}{13}\right)$$

$$= \frac{1}{5}\left(\frac{0.25}{3.916\,7} + \frac{0.142\,9}{2.042\,9} + \frac{1}{14.333\,3} + \frac{0.5}{10.5} + \frac{3}{13}\right) = 0.096\,4$$

将 $i=4$、$m=5$、各列之和代入公式（3-12）可计算指标 X_4 的权重，结果如下。

$$w_4 = \frac{1}{5}\left(\frac{a_{41}}{3.916\,7} + \frac{a_{42}}{2.042\,9} + \frac{a_{43}}{14.333\,3} + \frac{a_{44}}{10.5} + \frac{a_{45}}{13}\right)$$

$$= \frac{1}{5}\left(\frac{0.333\ 3}{3.916\ 7} + \frac{0.2}{2.042\ 9} + \frac{2}{14.333\ 3} + \frac{1}{10.5} + \frac{1}{13}\right) = 0.098\ 9$$

将 $i = 5$、$m = 5$、各列之和代入公式（3-12）可计算指标 X_5 的权重，结果如下。

$$w_5 = \frac{1}{5}\left(\frac{a_{51}}{3.916\ 7} + \frac{a_{52}}{2.042\ 9} + \frac{a_{53}}{14.333\ 3} + \frac{a_{54}}{10.5} + \frac{a_{55}}{13}\right)$$

$$= \frac{1}{5}\left(\frac{0.333\ 3}{3.916\ 7} + \frac{0.2}{2.042\ 9} + \frac{0.333\ 3}{14.333\ 3} + \frac{1}{10.5} + \frac{1}{13}\right) = 0.075\ 7$$

用"和法"计算的权重已是归一化权重，不需进行归一化处理。因此，X_1、X_2、X_3、X_4、X_5 这 5 个指标的权重分别为：0.259 1、0.469 9、0.096 4、0.098 9、0.075 7。

3. 对判断矩阵进行一致性检验的方法

为什么要对判断矩阵进行一致性检验？如果有人对 3 个指标 X_1、X_2、X_3 的重要性进行判断，结果是：X_1 与 X_2 相比明显重要，X_1 与 X_3 相比同等重要，X_2 与 X_3 相比稍微重要，判断矩阵如下。

$$\begin{pmatrix} 1 & 5 & 1 \\ 1/5 & 1 & 3 \\ 1 & 1/3 & 1 \end{pmatrix}$$

既然 X_1 与 X_2 相比明显重要，X_2 与 X_3 相比稍微重要，那么 X_1 与 X_3 相比不可能是同等重要，因此上述判断矩阵明显不合逻辑，判断结果自相矛盾，当需要判断的指标个数多于 3 个时，这种自相矛盾的判断情况表现得会更加突出。

对判断矩阵进行一致性检验就是对被调查者所给出的判断矩阵是否存在以上逻辑矛盾进行判断，具体判断方法有两种：一致性系数法、一致性比率法。

（1）一致性系数法。

一致性系数法是通过计算判断矩阵的一致性系数，根据一致性系数的大小对判断矩阵的一致性作出判断的一种检验方法。

用一致性系数对判断矩阵一致性进行判断，方法如下。

首先，计算判断矩阵的一致性系数 CI，CI 计算公式如下。

$$CI = \frac{\lambda - m}{m - 1},$$

$$\lambda = \frac{1}{m}\left(\frac{\sum_{j=1}^{m} a_{1j} \times w_j}{w_1} + \frac{\sum_{j=1}^{m} a_{2j} \times w_j}{w_2} + \cdots + \frac{\sum_{j=1}^{m} a_{mj} \times w_j}{w_m}\right) \tag{3-13}$$

公式（3-13）中，m：指标个数，a_{ij} 为判断矩阵中对应的数，w_j 为指标 X_j 的权重。

其次，根据指标个数及显著水平 a 查一致性系数临界值表，得一致性系数临界值 $CI_{临}$，一致性系数临界值如表 3-9 所示。

表 3-9　一致性系数临界值表 ①

n	$a=0.01$	$a=0.05$	$a=0.1$
3	0.010	0.029	0.049
4	0.036	0.068	0.092
5	0.064	0.099	0.122
6	0.087	0.121	0.142
7	0.106	0.138	0.158
8	0.121	0.151	0.169
9	0.134	0.162	0.178
10	0.144	0.170	0.185
11	0.150	0.176	0.191
12	0.157	0.182	0.196
13	0.164	0.187	0.200
14	0.170	0.192	0.204
15	0.175	0.195	0.207

注：表中 n 为指标个数，a 为显著水平。

最后，根据如下原则作出结论。

当 $CI \leqslant CI_{临}$，认为判断矩阵一致性较好，被调查者所做的判断不存在逻辑矛盾，所给出的判断矩阵有效，所计算出的 w_i（$i=1, 2, 3, \cdots, m$）可作为指标 X_i（$i=1, 2, 3, \cdots, m$）的权重。

当 $CI > CI_{临}$，认为判断矩阵一致性较差，被调查者所做的判断存在逻辑矛盾，

① 表中数据源自：彭祖赠，孙韫玉. 模糊（Fuzzy）数学及其应用 [M]. 武汉：武汉大学出版社，2002：157.

所给出的判断矩阵无效，所计算出的 w_i（$i = 1$，2，3，…，m）不能作为指标 X_i（$i = 1$，2，3，…，m）的权重。

（2）一致性比率法。

一致性比率法是通过计算判断矩阵的一致性比率，根据一致性比率的大小对判断矩阵的一致性作出判断的一种检验方法。

为对判断矩阵的一致性进行判断，层次分析法提出者 Saaty 引入了随机一致性 RI，RI 的确定过程是：固定指标数量 n，随机生成若干个判断矩阵，用公式（3 - 13）计算出这些判断矩阵的一致性系数 CI，将它们的平均值作为 RI，表 3 - 10 给出了 3 ~ 15 阶判断矩阵的随机一致性 RI 的取值。

表 3 - 10 判断矩阵随机一致性 RI 的取值 [①]

指标个数	3	4	5	6	7	8	9
RI	0.52	0.89	1.12	1.26	1.36	1.41	1.46
指标个数	10	11	12	13	14	15	
RI	1.49	1.52	1.54	1.56	1.58	1.59	

表 3 - 10 中判断矩阵的随机一致性 RI 是对于确定的指标个数，随机生成 1 000 个判断矩阵，分别计算出每个判断矩阵的一致性系数 CI，再取这些 CI 的平均值而得到的。

对于给定的判断矩阵 A，由公式（3 - 13）可计算其一致性系数 CI，由表 3 - 10 可查出其随机一致性 RI，令

$$CR = \frac{CI}{RI} \qquad\qquad (3 - 14)$$

称 CR 为一致性比率。

用一致性比率对判断矩阵一致性进行判断，方法如下。

首先，用公式（3 - 14）计算判断矩阵的一致性比率 CR。

其次，根据指标个数及显著水平 a 查一致性比率临界值表，得一致性比率临界值 $CR_{临}$，一致性比率临界值如表 3 - 11 所示。

---

① 表中数据源自：彭祖赠，孙韫玉. 模糊（Fuzzy）数学及其应用 [M]. 武汉：武汉大学出版社，2002：153.

表3-11　一致性比率临界值表 ①

n	$a = 0.01$	$a = 0.05$	$a = 0.1$
3	0.019	0.056	0.094
4	0.040	0.076	0.103
5	0.057	0.088	0.109
6	0.069	0.096	0.113
7	0.078	0.101	0.116
8	0.086	0.107	0.120
9	0.092	0.111	0.122
10	0.097	0.114	0.124
11	0.099	0.116	0.126
12	0.102	0.118	0.127
13	0.105	0.120	0.128
14	0.107	0.122	0.129
15	0.110	0.123	0.130

注：表中 n 为指标个数，a 为显著水平。

最后，根据如下原则作出结论。

当 $CR \leqslant CR_{临}$，认为判断矩阵一致性较好，被调查者所做的判断不存在逻辑矛盾，所给出的判断矩阵有效，所计算出的 w_i（$i = 1, 2, 3, \cdots, m$）可作为指标 X_i（$i = 1, 2, 3, \cdots, m$）的权重。

当 $CR > CR_{临}$，认为判断矩阵一致性较差，被调查者所做的判断存在逻辑矛盾，所给出的判断矩阵无效，所计算出的 w_i（$i = 1, 2, 3, \cdots, m$）不能作为指标 X_i（$i = 1, 2, 3, \cdots, m$）的权重。

例3-6　用一致性系数法对例3-5中的判断矩阵 A 进行一致性检验。

首先，计算判断矩阵 A 的一致性系数。

例3-5中已计算出指标 X_1、X_2、X_3、X_4、X_5 的权重如下。

---

① 表中数据源自：彭祖赠，孙韫玉. 模糊（Fuzzy）数学及其应用 ［M］. 武汉：武汉大学出版社，2002：157.

$w_1 = 0.2591, w_2 = 0.4699, w_3 = 0.0964, w_4 = 0.0989, w_5 = 0.0757$。

由公式（3–13）可知计算一致性系数 CI 的关键在于计算 λ，为计算 λ 的值，可先计算出 λ 的计算公式中括号内每一加项的分子部分。

第 1 个加项的分子部分 $\sum\limits_{j=1}^{5} a_{1j} \times w_j$：各指标权重分别与判断矩阵第 1 行的数相乘然后相加，即：

$$\sum_{j=1}^{5} a_{1j} \times w_j = a_{11} \times w_1 + a_{12} \times w_2 + a_{13} \times w_3 + a_{14} \times w_4 + a_{15} \times w_5$$

$$= 1 \times 0.2591 + \frac{1}{2} \times 0.4699 + 4 \times 0.0964 + 3 \times 0.0989 + 3 \times 0.0757$$

$$= 1.4035$$

第 2 个加项的分子部分 $\sum\limits_{j=1}^{5} a_{2j} \times w_j$：各指标权重分别与判断矩阵第 2 行的数相乘然后相加，即：

$$\sum_{j=1}^{5} a_{2j} \times w_j = a_{21} \times w_1 + a_{22} \times w_2 + a_{23} \times w_3 + a_{24} \times w_4 + a_{25} \times w_5$$

$$= 2 \times 0.2591 + 1 \times 0.4699 + 7 \times 0.0964 + 5 \times 0.0989 + 5 \times 0.0757$$

$$= 2.5359$$

第 3 个加项的分子部分 $\sum\limits_{j=1}^{5} a_{3j} \times w_j$：各指标权重分别与判断矩阵第 3 行的数相乘然后相加，即：

$$\sum_{j=1}^{5} a_{3j} \times w_j = a_{31} \times w_1 + a_{32} \times w_2 + a_{33} \times w_3 + a_{34} \times w_4 + a_{35} \times w_5$$

$$= \frac{1}{4} \times 0.2591 + \frac{1}{7} \times 0.4699 + 1 \times 0.0964 + \frac{1}{2} \times 0.0989 + 3 \times 0.0757$$

$$= 0.5048$$

第 4 个加项的分子部分 $\sum\limits_{j=1}^{5} a_{4j} \times w_j$：各指标权重分别与判断矩阵第 4 行的数相乘然后相加，即：

$$\sum_{j=1}^{5} a_{4j} \times w_j = a_{41} \times w_1 + a_{42} \times w_2 + a_{43} \times w_3 + a_{44} \times w_4 + a_{45} \times w_5$$

$$= \frac{1}{3} \times 0.2591 + \frac{1}{5} \times 0.4699 + 2 \times 0.0964 + 1 \times 0.0989 + 1 \times 0.0757$$

$$= 0.5477$$

第 5 个加项的分子部分 $\sum\limits_{j=1}^{5} a_{5j} \times w_j$ ：各指标权重分别与判断矩阵第 5 行的数相乘然后相加，即：

$$\sum_{j=1}^{5} a_{5j} \times w_j = a_{51} \times w_1 + a_{52} \times w_2 + a_{53} \times w_3 + a_{54} \times w_4 + a_{55} \times w_5$$

$$= \frac{1}{3} \times 0.259\,1 + \frac{1}{5} \times 0.469\,9 + \frac{1}{3} \times 0.096\,4 + 1 \times 0.098\,9 + 1 \times 0.075\,7$$

$$= 0.387\,1$$

将上述计算结果代入公式（3 - 13）中 λ 的计算公式可得：

$$\lambda = \frac{1}{5}\left(\frac{1.403\,5}{0.259\,1} + \frac{2.535\,9}{0.469\,9} + \frac{0.504\,8}{0.096\,4} + \frac{0.547\,7}{0.098\,9} + \frac{0.387\,1}{0.0757}\right)$$

$$= 5.340\,3$$

将 $\lambda = 5.340\,3$、$m = 5$ 代入公式（3 - 13）中一致性系数 CI 的计算公式可得：

$$CI = \frac{\lambda - m}{m - 1} = \frac{5.340\,3 - 5}{5 - 1} = 0.085\,1$$

其次，查表 3 - 9 一致性系数临界值表（本例指标个数 $n = 5$，取 $a = 0.05$）得一致性系数临界值 $CI_{临} = 0.099$，因为 $CI = 0.0851 < CI_{临}$，因此认为判断矩阵 A 一致性较好，专家的判断不存在逻辑矛盾，由该判断矩阵所确定的各指标的权重有效。

例 3 - 7　用一致性比率法对例 3 - 5 中的判断矩阵 A 进行一致性检验。

首先计算判断矩阵 A 的一致性比率。

例 3 - 6 已计算出判断矩阵 A 的一致性系数 $CI = 0.0851$，又查表 3 - 10 可得判断矩阵 A 的随机一致性 $RI = 1.12$，将 $CI = 0.0851$，$RI = 1.12$ 代入公式（3 - 14），计算出判断矩阵 A 的一致性比率 CR。

$$CR = \frac{CI}{RI} = \frac{0.0851}{1.12} = 0.0760$$

其次，查表 3 - 11 一致性比率临界值表（本例指标个数 $n = 5$，取 $a = 0.05$）得一致性比率临界值 $CR_{临} = 0.088$，因为 $CR = 0.0760 < CR_{临}$，因此认为判断矩阵 A 一致性较好，专家的判断不存在逻辑矛盾，由该判断矩阵所确定的各指标的权重有效。

4. 用层次分析法确定指标体系中各指标权重的实例

下面用一个实例来说明如何用层次分析法确定指标体系中各指标的权重。

例3-8　大学一年级男生体质健康评价指标体系如表3-12所示。

表3-12　大学一年级男生体质健康评价指标体系

评价目标	一级指标	二级指标
大学一年级男生体质健康	身体形态	BMI
	身体机能	肺活量
	身体素质	50m跑
		坐位体前屈
		立定跳远
		引体向上
		1 000m跑

用层次分析法确定上述评价指标体系中各指标的权重。

第1步：进行专家调查。

根据指标体系，编制专家调查问卷，让专家对指标体系中同一指标群内指标的重要性进行两两比较，对两者的重要性做出判断。

一般来说，需要两两比较的指标数达到3个或3个以上时才适合用层次分析法来确定指标的权重，如果需要两两比较的指标数只有2个时，不适合用层次分析法来确定权重，可用前面介绍的德尔菲赋权法确定它们的权重。

表3-12的指标体系中有3个一级指标：身体形态、身体机能、身体素质。这3个指标的权重可通过层次分析法来确定。另外身体素质包括5个二级指标，这5个二级指标的权重也可用层次分析法来确定，而身体形态只包括1个二级指标"BMI"，BMI的权重自然为1，不需用层次分析法来确定其权重。同样身体机能也只包括1个二级指标"肺活量"，肺活量的权重也自然为1，也不需用层次分析法来确定其权重。

因此，表3-12的指标体系中只有2个指标群需要专家对指标群内指标重要性进行两两比较，一个是由3个一级指标构成的指标群，另一个是由身体素质所包括的5个二级指标所构成的指标群。编制这2个指标群内指标重要性两两比较的专家调查问卷，专家问卷见附录3。

第2步：根据专家调查结果计算各专家对指标的赋权结果、判断矩阵一致性系数。

根据回收的调查问卷中专家对于指标群内指标的比较结果得到相应的判断矩阵，

用公式（3 – 12）、公式（3 – 13）计算出相应指标的权重、判断矩阵的一致性系数。

本例共回收 10 份专家问卷，其中 1 号专家问卷中有关 3 个一级指标的比较结果如下。

比较对象	极其重要	十分重要	明显重要	稍微重要	同等重要	稍微不重要	明显不重要	十分不重要	极其不重要
身体形态与身体机能相比						√			
身体形态与身体素质相比							√		
身体机能与身体素质相比							√		

根据表 3 – 8 所给出的两指标相比重要性量化规则，可得 1 号专家对 3 个一级指标重要性两两比较的判断矩阵 A_1，结果如下。

$$A_1 = \begin{pmatrix} 1 & 1/3 & 1/5 \\ 3 & 1 & 1/5 \\ 5 & 5 & 1 \end{pmatrix}$$

依据上述判断矩阵 A_1，运用公式（3 – 12）、公式（3 – 13）可计算出 1 号专家给 3 个一级指标所赋的权重、判断矩阵 A_1 的一致性系数，结果如表 3 – 13 所示。

2 号专家问卷中关于 3 个一级指标的比较结果的判断矩阵 A_2 如下。

$$A_2 = \begin{pmatrix} 1 & 1 & 1/5 \\ 1 & 1 & 1/5 \\ 5 & 5 & 1 \end{pmatrix}$$

依据上述判断矩阵 A_2，运用公式（3 – 12）、公式（3 – 13）可计算出 2 号专家给 3 个一级指标所赋的权重、判断矩阵 A_2 的一致性系数，结果如表 3 – 13 所示。

对另外 8 位专家问卷中有关 3 个一级指标的比较结果进行同样的处理，可得这 8 位专家对 3 个一级指标的赋权结果、判断矩阵的一致性系数，结果如表 3 – 13 所示。

表 3 – 13　10 位专家对 3 个一级指标的判断矩阵处理结果

专家编号	指标权重			一致性系数
	身体形态	身体机能	身体素质	
1	0.102 4	0.211 4	0.686 4	0.069 5
2	0.142 9	0.142 9	0.714 3	0
3	0.111 1	0.111 1	0.777 8	0

续表

专家编号	指标权重			一致性系数
	身体形态	身体机能	身体素质	
4	0.083 3	0.193 2	0.723 5	0.032 9
5	0.142 9	0.142 9	0.714 3	0
6	0.2	0.2	0.6	0
7	0.134 3	0.120 1	0.745 6	0.006 3
8	0.105 3	0.096 9	0.797 8	0.003 5
9	0.134 3	0.120 1	0.745 6	0.006 3
10	0.2	0.2	0.6	0

第3步：对判断矩阵进行一致性检验。

查表3-9一致性系数临界值表（本例指标个数 $n=3$，取 $a=0.05$）得一致性系数临界值 $CI_{临}=0.029$，由表3-13可知，1号专家判断矩阵一致性系数 $CI=0.069\ 5$ $>CI_{临}$，4号专家判断矩阵一致性系数 $CI=0.032\ 9>CI_{临}$，因此这两位专家的判断矩阵不能通过一致性检验，说明他们的判断有逻辑矛盾，他们给3个一级指标所定的权重无效。其他8位专家的判断矩阵一致性系数皆小于 $CI_{临}$，通过一致性检验，这8位专家给3个一级指标所定的权重有效。

第4步：计算指标的权重。

计算出通过一致性检验的8位专家所定权重的平均值，即为3个指标的权重，结果如下。

身体形态的权重 =（0.142 9 + 0.111 1 + 0.142 9 + 0.2 + 0.134 3 + 0.105 3 + 0.134 3 + 0.2）/8 = 0.146 3

身体机能的权重 =（0.142 9 + 0.111 1 + 0.142 9 + 0.2 + 0.120 1 + 0.096 9 + 0.120 1 + 0.2）/8 = 0.141 8

身体素质的权重 =（0.714 3 + 0.777 8 + 0.714 3 + 0.6 + 0.745 6 + 0.797 8 + 0.745 6 + 0.6）/8 = 0.711 9

对问卷中各位专家关于身体素质所包括的5个指标重要性的两两比较结果进行以上相同的处理，可计算出50m跑、坐位体前屈、立定跳远、引体向上、1 000m跑这5个指标的权重，此处不再赘述。

四、组合赋权法

组合赋权法就是用多种赋权方法对指标进行赋权，然后将多种方法所确定的指标权重的平均值作为指标最终权重的赋权方法。该方法克服了用一种方法给指标赋权所带来的片面性问题，使赋权结果更加科学合理。

设用 k 种方法对指标 X 进行赋权，赋权结果分别为 W_1、$W_2\cdots W_k$，则指标 X 的组合权重 W 用下述公式计算。

$$W = \frac{W_1 + W_2 + \cdots + W_k}{k} \qquad\qquad (3-15)$$

根据组合赋权中所用赋权方法为主观赋权法，还是客观赋权法，可将组合赋权方法分为组合主观赋权法、组合客观赋权法、组合主客观赋权法。

组合主观赋权法就是组合赋权中所采用的多种赋权方法皆为主观赋权方法。

组合客观赋权法就是组合赋权中所采用的多种赋权方法皆为客观赋权方法。

组合主客观赋权法就是组合赋权中所采用的多种赋权方法有的为主观赋权方法，有的为客观赋权方法。

例 3-9 用组合客观赋权法对例 3-1 中省级区域竞技体育发展水平评价指标进行赋权。

例 3-1 用变异系数法、例 3-2 用距优平方和法、例 3-3 用熵值法对省级区域竞技体育发展水平评价指标进行了赋权，各种方法赋权结果如表 3-14 所示。

表 3-14 变异系数法、距优平方和法、熵值法赋权结果

指标名称	变异系数法赋权结果	距优平方和法赋权结果	熵值法赋权结果
优秀运动员人数（X_1）	0.13	0.163 0	0.104 9
等级运动员发展人数（X_2）	0.16	0.187 4	0.164 1
等级教练员人数（X_3）	0.12	0.256 3	0.100 3
运动成绩（X_4）	0.20	0.152 6	0.228 1
体育后备人才人数（X_5）	0.15	0.140 1	0.128 7
竞技体育经费投入（X_6）	0.24	0.100 6	0.274 8

将表 3 – 14 中 3 种赋权方法所赋权结果代入公式（3 – 15），计算出各指标新的权重，结果如下。

指标 X_1 的权重 $W_1 = \dfrac{0.13 + 0.163\ 0 + 0.104\ 9}{3} = 0.132\ 6$

指标 X_2 的权重 $W_2 = \dfrac{0.16 + 0.187\ 4 + 0.164\ 1}{3} = 0.170\ 5$

指标 X_3 的权重 $W_3 = \dfrac{0.12 + 0.256\ 3 + 0.100\ 3}{3} = 0.158\ 9$

指标 X_4 的权重 $W_4 = \dfrac{0.20 + 0.152\ 6 + 0.228\ 1}{3} = 0.193\ 6$

指标 X_5 的权重 $W_5 = \dfrac{0.15 + 0.140\ 1 + 0.128\ 7}{3} = 0.139\ 6$

指标 X_6 的权重 $W_6 = \dfrac{0.24 + 0.100\ 6 + 0.274\ 8}{3} = 0.205\ 1$

上述权重即为组合客观赋权结果。

第四章　综合评价模型

综合评价是多指标评价，对评价对象进行评价时，会收集到评价对象多项评价指标数据。比如对学生体质健康进行评价，按照制定好的学生体质健康评价指标体系，会收集到某学生 BMI、肺活量、50m 跑、坐位体前屈、立定跳远、引体向上、1 000m 跑 7 项数据，如何将这些数据进行综合，得到学生体质健康的综合评价结果呢？

综合评价模型就是将评价对象多项评价指标数据进行科学合理的综合，从而得到评价对象最终评价结果的计算方法。

研究人员提出过多种综合评价模型，比较典型的综合评价模型有加权综合评价模型、模糊综合评价模型、因子分析综合评价模型、数据包络分析综合评价模型、BP 神经网络综合评价模型等，本章将对这些模型进行较为全面的介绍。

一、加权综合评价模型

加权综合评价模型是最为常规的综合评价模型，该模型原理直观简单，易于理解，是其他综合评价模型的基础，在实践中有着广泛的应用。

加权综合评价模型的基本原理是：各指标取值与指标权重相乘，然后将相乘的结果相加，得到最后评价结果。

设有 m 个评价指标，记为 X_1、$X_2 \cdots X_m$，这 m 个指标的权重记为 W_1、$W_2 \cdots W_m$，加权综合评价模型按下列公式计算评价对象的综合评分 F。

$$F = W_1 \times X_1 + W_2 \times X_2 + \cdots + W_m \times X_m$$

比如，教师按加权综合评价模型给学生评定课程成绩，并规定平时成绩占 40%，结业考试成绩占 60%，某学生平时成绩 85 分，结业考试 80 分，则该学生该门课程的成绩 $S = 0.4 \times 85 + 0.6 \times 80 = 82$。

（一）加权综合评价的步骤

第 1 步：确定评价指标体系及各指标的权重。

为方便描述，设对某评价对象进行评价的指标体系是一个分层的 3 级评价指标体系，指标体系结构及权重如表 4 – 1 所示。

表 4 – 1　分层 3 级评价指标体系及权重

一级指标		二级指标		三级指标	
指标代码	权重	指标代码	权重	指标代码	权重
A_1	w_1	A_{11}	w_{11}	A_{111} A_{112} A_{113}	w_{111} w_{112} w_{113}
		A_{12}	w_{12}	A_{121} A_{122}	w_{121} w_{122}
		A_{13}	w_{13}	A_{131} A_{132} A_{133} A_{134}	w_{131} w_{132} w_{133} w_{134}
A_2	w_2	A_{21} A_{22}	w_{21} w_{22}	······	······
A_3	w_3	A_{31} A_{32} A_{33} A_{34}	w_{31} w_{32} w_{33} w_{34}	······	······

第 2 步：制定评价指标体系中最后一级指标的评分标准。

评价指标体系中最后一级指标可能是定性指标，也可能是定量指标；其中定量指标的计量单位可能有所不同，比如 100m 成绩以秒为计量单位，跳远成绩以米为计量单位；定量指标中又有正向指标（取值越大越好的指标，如跳远成绩）、负向指标（取值越小越好的指标，如 100m 成绩）、适度指标（取值适中好，太大太小皆不好的指标，如心率）之分，以上这些情况导致被评对象在最后一级指标上的评价值存在不可比性，难以直接合成，得到被评对象的综合评价结果。

为解决评价指标间取值的不可合并性，加权综合评价模型一般采用百分制法对被评对象进行评分。

比如，对大学一年级男生体质健康进行评价的指标体系如表 2 – 16 所示。

表 2 – 16 的评价指标体系中，二级指标的计量单位皆不相同，此外，肺活量、坐位体前屈、立定跳远、引体向上是正向指标，50m 跑、1 000m 跑是负向指标，BMI 是适度指标，学生在这些指标上的取值难以直接合成为体质健康的综合评分。

比如，现有大学一年级男生王某、赵某各项体质健康指标测试结果如下，见表 4 – 2。

表 4 – 2　王某、赵某各项体质健康指标测试结果

学生	BMI	肺活量/mL	50m 跑/s	坐位体前屈/cm	立定跳远/cm	引体向上/个	1 000m 跑
王某	20.80	4 552	7.1	17.9	235	13	3′55″
赵某	17.70	4 512	6.8	23.1	228	13	4′02″

如何对王某、赵某体质健康做出评价、进行比较呢？

为解决上述问题，可制定表 2 – 17 所示的大学一年级男生体质健康评分标准。

根据表 2 – 17 的体质健康评分标准，可得王某、赵某 7 项体质健康二级指标得分如下，见表 4 – 3。

表 4 – 3　王某、赵某 7 项体质健康二级指标得分

学生	BMI	肺活量/mL	50m 跑/s	坐位体前屈/cm	立定跳远/cm	引体向上/个	1 000m 跑
王某	100	85	80	80	72	72	74
赵某	80	80	95	95	70	72	72

王某、赵某上述体质健康评分计量单位相同，且皆为正向指标，可以对各评价指标的评分进行合并，从而得到他们的体质健康综合评价结果。

第 3 步：进行单指标评价，得到最后一级指标的单指标评分。

按照第 2 步中制定的评分标准，对被评对象进行评价，得到被评对象在最后一级指标中每一个指标上的评分，称这个评分为单指标评分。

以表 4 – 1 的评价指标体系为例，该指标体系的最后一级指标是三级指标，按制定的评分标准，在每一个三级指标上对被评对象进行评价，得到被评对象在所有三级指标上的评分，评分结果如表 4 – 4 最后一列所示。

表 4 - 4　被评对象在最后一级指标上的评分

一级指标	二级指标	三级指标	被评对象的单指标评分
A_1	A_{11}	A_{111}	x_{111}
		A_{112}	x_{112}
		A_{113}	x_{113}
	A_{12}	A_{121}	x_{121}
		A_{122}	x_{122}
	A_{13}	A_{131}	x_{131}
		A_{132}	x_{132}
		A_{133}	x_{133}
		A_{134}	x_{134}
A_2	A_{21} A_{22}	……	……
A_3	A_{31} A_{32} A_{33} A_{34}	……	……

第 4 步：逐级计算各级评价指标的评分，直至计算出被评对象的综合评分。

表 4 - 4 最后一列 "被评对象的单指标评分" 是在某一个指标上对被评对象进行评价所得的评分，是单指标评价结果。对被评对象进行综合评价就需对这些单指标评价结果进行合理的综合，从而得到被评对象的综合评价结果。

加权综合评价模型对单指标评价结果进行综合的做法是：从最后一级指标开始，根据 k 级指标的评分及其权重计算 k - 1 级指标的综合评分，然后根据 k - 1 级指标的评分及其权重计算 k - 2 级指标的综合评分，直到最后计算出被评对象的综合评分。

设 k 级指标 B 包含 m 个下级指标,这 m 个下级指标的权重记为:w_1、w_2、$w_3 \cdots w_m$,评分记为:b_1、b_2、$b_3 \cdots b_m$,则 k 级指标 B 的评分 y 按下列公式计算。

$$y = w_1 b_1 + w_2 b_2 + w_3 b_3 \cdots + w_m b_m \qquad (4 - 1)$$

下面以表4-4所示的评价指标体系及其单指标评分为例，说明如何利用公式（4-1）逐级计算各级评价指标的评分，直至被评对象的综合评分。

（1）由三级指标权重及其评分计算二级指标的评分。

表4-4中二级指标 A_{11} 包含3个三级指标： A_{111}、A_{112}、A_{113}，将这3个三级指标的权重 w_{111}、w_{112}、w_{113}（表4-1）及其单指标评分 x_{111}、x_{112}、x_{113}（表4-4最后一列）代入公式（4-1）便可计算出二级指标 A_{11} 的评分 x_{11}，计算方法如下。

$$x_{11} = w_{111}x_{111} + w_{112}x_{112} + w_{113}x_{113}$$

同理，二级指标 A_{12}、A_{13} 的评分 x_{12}、x_{13} 计算方法如下。

二级指标 A_{12} 的评分 $x_{12} = w_{121}x_{121} + w_{122}x_{122}$

二级指标 A_{13} 的评分 $x_{13} = w_{131}x_{131} + w_{132}x_{132} + w_{133}x_{133} + w_{134}x_{134}$

其他二级指标的评分可类似计算出来。

（2）由二级指标权重及其评分计算一级指标的评分。

表4-4中一级指标 A_1 包含3个二级指标： A_{11}、A_{12}、A_{13}，将这3个二级指标的权重 w_{11}、w_{12}、w_{13}（表4-1）及其评分 x_{11}、x_{12}、x_{13}［已在前面通过公式（4-1）计算出来］代入公式（4-1）便可计算出一级指标 A_1 的评分 x_1，计算方法如下。

$$x_1 = w_{11}x_{11} + w_{12}x_{12} + w_{13}x_{13}$$

其他2个一级指标 A_2、A_3 的评分 x_2，x_3 可类似计算出来，计算方法如下。

一级指标 A_2 的评分 $x_2 = w_{21}x_{21} + w_{22}x_{22}$

一级指标 A_3 的评分 $x_3 = w_{31}x_{31} + w_{32}x_{32} + w_{33}x_{33} + w_{34}x_{34}$

（3）由一级指标权重及其评分计算出被评价对象综合评分。

将3个一级指标 A_1、A_2、A_3 的权重 w_1、w_2、w_3（表4-1）及其评分 x_1、x_2、x_3［已在前面通过公式(4-1)计算出来］代入公式(4-1)便可计算出被评对象的综合评分 x，计算方法如下。

$$x = w_1x_1 + w_2x_2 + w_3x_3$$

（二）加权综合评价模型举例

例4-1 用加权综合评价模型对大学一年级男生体质健康进行评价。

第1步：确定评价指标体系及各指标的权重。

大学一年级男生体质健康评价指标体系及权重见表4-5。

表4-5　大学一年级男生体质健康评价指标及权重

评价目标	一级指标		二级指标	
	指标名称	权重	指标名称	权重
大学一年级男生体质健康	身体形态	0.15	BMI	1.0
	身体机能	0.15	肺活量	1.0
	身体素质	0.70	50m 跑	0.29
			坐位体前屈	0.14
			立定跳远	0.14
			引体向上	0.14
			1000m 跑	0.29

注：BMI = 体重/身高^2（体重的单位为 kg，身高的单位为 m）。

第2步：制定指标体系中最后一级指标的评分标准。

加权综合评价模型一般采用百分制法对被评对象进行评分，为此需对表4-5中所有二级指标制定百分制评分标准，结果如表2-17所示。

第3步：进行单指标评价，得到最后一级指标的单指标评分。

测得大学一年级男生王某表4-5中各二级指标数据，结果如表4-6所示。

对王某体质健康进行单指标评价。根据表2-17的体质健康评分标准，可得王某7项体质健康二级指标的百分制评分，结果如表4-6所示。

表4-6　某大学一年级男生王某体质健康测试结果及百分制评分

指标	BMI	肺活量/mL	50m 跑/s	坐位体前屈/cm	立定跳远/cm	引体向上/个	1000m 跑
测量值	20.80	4552	7.1	17.9	235	13	3′55″
百分制评分	100	85	80	80	72	72	74

第4步：逐级计算各级评价指标的评分，直至计算出被评对象的综合评分。

（1）根据二级指标的权重及其评分计算各一级指标的评分。

计算一级指标"身体形态"的评分。"身体形态"只包括"BMI"这1个二级指标，将这个指标的权重（表4-5）及其百分制评分（表4-6）代入公式（4-1）计算出"身体形态"的评分，结果如下。

身体形态评分 = BMI 的权重 × BMI 的得分 = 1.0 × 100 = 100

类似方法可计算出其他2个一级指标的评分，结果如下。

身体机能评分 = 肺活量的权重 × 肺活量的评分 = 1.0 × 85 = 85

身体素质评分 = 0.29 × 80 + 0.14 × 80 + 0.14 × 72 + 0.14 × 72 + 0.29 × 74

$\qquad\qquad$ = 76.02

（2）根据各一级指标的权重及其评分计算王某的体质健康综合评分。

将王某上述 3 个体质健康一级指标评分及其权重（表 4 - 5）代入公式（4 - 1）可计算出王某体质健康综合评分，结果如下。

王某体质健康综合评分 = 身体形态的权重 × 身体形态评分 + 身体机能的权重 ×

$\qquad\qquad$ 身体机能评分 + 身体素质的权重 × 身体素质评分

$\qquad\qquad$ = 0.15 × 100 + 0.15 × 85 + 0.70 × 76.02

$\qquad\qquad$ = 80.96

二、模糊综合评价模型

模糊综合评价模型是运用模糊数学中有关模糊集、隶属度、模糊合成算子等模糊数学基本理论与方法将定性评价转化为定量评价的一种综合评价方法。

下面通过一个实例来了解模糊综合评价的做法。

（一）模糊综合评价实例

在综合评价过程中，有时评价者更愿意对被评对象做出很好、较好、一般、较差、差这种定性评价。

例如，某高校对教师课堂教学质量进行评价的评价指标体系、指标的权重如表4 - 7 所示。

表 4 - 7　课堂教学质量评价指标体系、指标权重

评价目标	一级指标	权重	二级指标	权重
课堂教学质量	教学态度	0.25	精神饱满，仪表端庄得体 按时上下课，重视课堂秩序管理 责任心强，治学严谨，准备充分 适时与学生沟通、交流	0.2 0.1 0.4 0.3
	教学内容	0.3	内容充实，信息量大 注重教学内容更新 教材合适，介绍参考书和文献	0.5 0.3 0.2

续表

评价目标	一级指标	权重	二级指标	权重
课堂教学质量	教学方法	0.3	条理清楚，重点突出，概念准确 启发式教学，激发学生学习兴趣 口齿清楚，语言生动 板书清楚，恰当使用多媒体手段	0.3 0.3 0.2 0.2
	教学效果	0.15	对所讲内容基本掌握 收获大，分析问题解决问题能力提高	0.4 0.6

让学生根据表4-7的课堂教学质量评价指标体系对教师课堂教学质量进行评价时，学生可能更愿意在很好、较好、一般、较差、差这5个等级中进行评价，比如，200名学生对某教师课堂教学质量进行了评价，结果如表4-8所示。

表4-8 200名学生对某教师课堂教学质量评价结果

	指标	很好	较好	一般	较差	很差
教学态度	精神饱满，仪表端庄得体	170	18	8	4	0
	按时上下课，重视课堂秩序管理	20	90	70	16	4
	责任心强，治学严谨，准备充分	180	16	4	0	0
	适时与学生沟通、交流	40	140	16	4	0
教学内容	内容充实，信息量大	160	20	8	8	4
	注重教学内容更新	30	140	20	5	5
	教材合适，介绍参考书和文献	130	40	10	14	6
教学方法	条理清楚，重点突出，概念准确	150	30	10	10	0
	启发式教学，激发学生学习兴趣	40	100	30	20	10
	口齿清楚，语言生动	60	90	40	10	0
	板书清楚，恰当使用多媒体手段	130	30	20	20	0
教学效果	对所讲内容基本掌握	120	50	20	10	0
	收获大，分析问题解决问题能力提高	130	40	16	14	0

如何对表4-8这种分等级的定性评价结果进行综合，给该教师课堂教学效果一个最终的评价结果？

课堂教学质量好与差不是绝对的，好与差之间不存在明确的边界，中间经历了一个从量变到质变的连续过渡过程，因此对课堂教学质量进行评价时应充分体现这种连续过渡过程的特性，利用模糊数学中有关模糊集、隶属度、模糊合成算子等模糊数学基本理论与方法可以很好地解决上述评价问题，基本步骤与做法如下。

第 1 步：计算评价指标体系中所有二级指标属于"很好""较好""一般""较差""很差"的程度。

根据表 4 - 8 中各二级指标评价结果为"很好""较好""一般""较差""很差"的人数，计算出每个二级指标属于"很好""较好""一般""较差""很差"的程度，比如对于指标"精神饱满，仪表端庄得体"来说：

属于"很好"的程度 $= \dfrac{170}{200} = 0.85$

属于"较好"的程度 $= \dfrac{18}{200} = 0.09$

属于"一般"的程度 $= \dfrac{8}{200} = 0.04$

属于"较差"的程度 $= \dfrac{4}{200} = 0.02$

属于"很差"的程度 $= \dfrac{0}{200} = 0$

用同样的方法可计算出其他二级指标属于"很好""较好""一般""较差""很差"的程度，结果如表 4 - 9 所示。

表 4 - 9　某教师课堂教学二级指标属于各等级的程度　　　　$n = 200$

指标		很好	较好	一般	较差	很差
教学态度	精神饱满，仪表端庄得体	0.85	0.09	0.04	0.02	0
	按时上下课，重视课堂秩序管理	0.1	0.45	0.35	0.08	0.02
	责任心强，治学严谨，准备充分	0.9	0.08	0.02	0	0
	适时与学生沟通、交流	0.2	0.7	0.08	0.02	0
教学内容	内容充实，信息量大	0.8	0.1	0.04	0.04	0.02
	注重教学内容更新	0.15	0.7	0.1	0.025	0.025
	教材合适，介绍参考书和文献	0.65	0.2	0.05	0.07	0.03

指标		很好	较好	一般	较差	很差
教学方法	条理清楚，重点突出，概念准确	0.75	0.15	0.05	0.05	0
	启发式教学，激发学生学习兴趣	0.2	0.5	0.15	0.1	0.05
	口齿清楚，语言生动	0.3	0.45	0.2	0.05	0
	板书清楚，恰当使用多媒体手段	0.65	0.15	0.1	0.1	0
教学效果	对所讲内容基本掌握	0.6	0.25	0.1	0.05	0
	收获大，分析问题解决问题能力提高	0.65	0.2	0.08	0.07	0

第2步：计算各一级指标属于"很好""较好""一般""较差""很差"的程度。

一级指标"教学态度"属于"很好""较好""一般""较差""很差"程度的计算方法如下。

"教学态度"包括"精神饱满，仪表端庄得体"等4个指标，这4个指标属于"很好""较好""一般""较差""很差"的程度（结果在表4-9中）放在一起，用如下矩阵 $R_{教学态度}$ 表示。

$$R_{教学态度} = \begin{pmatrix} 0.85 & 0.09 & 0.04 & 0.02 & 0 \\ 0.1 & 0.45 & 0.35 & 0.08 & 0.02 \\ 0.9 & 0.08 & 0.02 & 0 & 0 \\ 0.2 & 0.7 & 0.08 & 0.02 & 0 \end{pmatrix}$$

"教学态度"所包括的4个指标的权重（权重数据在表4-7中）用如下向量表示。

$$W_{教学态度} = (0.2 \quad 0.1 \quad 0.4 \quad 0.3)$$

用模糊合成算子将矩阵 $R_{教学态度}$ 与权重向量 $W_{教学态度}$ 进行合成（有哪些模糊合成算子、如何合成将在本书第85页至第90页部分进行介绍）得到"教学态度"属于"很好""较好""一般""较差""很差"的程度，这里采用矩阵乘法运算对 $W_{教学态度}$ 、 $R_{教学态度}$ 进行合成，结果如下。

$$W_{教学态度} \times R_{教学态度} = (0.2 \quad 0.1 \quad 0.4 \quad 0.3) \times \begin{pmatrix} 0.85 & 0.09 & 0.04 & 0.02 & 0 \\ 0.1 & 0.45 & 0.35 & 0.08 & 0.02 \\ 0.9 & 0.08 & 0.02 & 0 & 0 \\ 0.2 & 0.7 & 0.08 & 0.02 & 0 \end{pmatrix}$$

$$= (0.6 \quad 0.305 \quad 0.075 \quad 0.018 \quad 0.002)$$

上述合成结果表示："教学态度"属于"很好""较好""一般""较差""很差"的程度分别为：0.6，0.305，0.075，0.018，0.002。

对"教学内容""教学方法""教学效果"所包括的指标进行如上同样的处理，可得到：

"教学内容"属于"很好""较好""一般""较差""很差"的程度分别为：0.575、0.3、0.06、0.041 5、0.023 5；

"教学方法"属于"很好""较好""一般""较差""很差"的程度分别为：0.475、0.315、0.12、0.075、0.015；

"教学效果"属于"很好""较好""一般""较差""很差"的程度分别为：0.63、0.22、0.088、0.062、0。

第 3 步：对课堂教学质量进行评价。

"课堂教学质量"包括教学态度、教学内容、教学方法、教学效果 4 个一级指标，这 4 个一级指标属于"很好""较好""一般""较差""很差"的程度已在第 2 步中计算出来，将它们放在一起，用如下矩阵 $R_{课堂教学质量}$ 表示。

$$R_{课堂教学质量} = \begin{pmatrix} 0.6 & 0.305 & 0.075 & 0.018 & 0.002 \\ 0.575 & 0.3 & 0.06 & 0.041\,5 & 0.023\,5 \\ 0.475 & 0.315 & 0.12 & 0.075 & 0.015 \\ 0.63 & 0.22 & 0.088 & 0.062 & 0 \end{pmatrix}$$

"课堂教学质量"所包括的 4 个一级指标的权重（权重数据在表 4 - 7 中）用如下向量表示。

$$W_{课堂教学质量} = (0.25 \quad 0.3 \quad 0.3 \quad 0.15)$$

用模糊合成算子将矩阵 $R_{课堂教学质量}$ 与权重向量 $W_{课堂教学质量}$ 进行合成（有哪些模糊合成算子、如何合成将在本书第 85 页至第 90 页进行介绍）得到该教师课堂教学质量总体评价属于"很好""较好""一般""较差""很差"的程度，这里采用矩阵乘法运算对 $W_{课堂教学质量}$、$R_{课堂教学质量}$ 进行合成，结果如下。

$W_{课堂教学质量} \times R_{课堂教学质量}$

$$= (0.25 \quad 0.3 \quad 0.3 \quad 0.15) \times \begin{pmatrix} 0.6 & 0.305 & 0.075 & 0.018 & 0.002 \\ 0.575 & 0.3 & 0.06 & 0.041\,5 & 0.023\,5 \\ 0.475 & 0.315 & 0.12 & 0.075 & 0.015 \\ 0.63 & 0.22 & 0.088 & 0.062 & 0 \end{pmatrix}$$

$$= (0.559\,5, \ 0.293\,8, \ 0.086\,0, \ 0.048\,8, \ 0.012\,1)$$

上述合成结果表明：该教师课堂教学质量评价结果如下。

属于"很好"的程度为 0.559 5。

属于"较好"的程度为 0.293 8。

属于"一般"的程度为 0.086 0。

属于"较差"的程度为 0.048 8。

属于"很差"的程度为 0.012 1。

如果按照"最大隶属原则"进行评价，由于属于"很好"的程度为 0.559 5，是最高的，所以可将该教师课堂教学质量评判为"很好"。

如果按照"加权法"进行评价，则先按百分制给评价等级"很好""较好""一般""较差""很差"赋分，比如给各评价等级赋予如下分值。

评价等级	很好	较好	一般	较差	很差
百分制分数	90	80	60	50	30

然后以该教师课堂教学质量评价结果属于各评价等级的程度为权重，计算该教师课堂教学质量的评分 F，结果如下。

$F = 0.559\,5 \times 90 + 0.293\,8 \times 80 + 0.086\,0 \times 60 + 0.048\,8 \times 50 + 0.012\,1 \times 30$
$= 81.82$

在模糊综合评价过程中主要运用到了模糊数学中有关模糊集与隶属度、模糊合成运算的知识，下面对模糊集与隶属度、模糊合成运算做一简要介绍。

（二）与模糊综合评价相关的模糊数学基本理论

1. 模糊集与隶属度

19 世纪末，康托（Canto）首创集合论，康托对"集"做了如下描述："把一定的并且彼此可以明确识别的东西（东西可以是直观的对象，也可以是思维的对象）放在一起叫作集。"根据康托这一描述，集合就是把直观的或思维中的某些确定的能够区分的对象汇合在一起，使之成为一个整体，这一整体就是集合，组成集合的那些对象称为这一集合的元素。比如"大于 0 小于 10 的偶数"构成一个集合，该集合的元素包括 2、4、6、8 这 4 个数。在集合论中，一般用大写字母 A、B、C 等表示集合，用小写字母 a、b、c 等表示集合中的元素。

在经典集合论中，每一个对象都能确定是不是某一集合的元素，元素与集合的隶属关系是明确的，要么"属于"，要么"不属于"，非此即彼。但在现实生活中，很多概念常有内涵的模糊性，这必然导致外延的不清晰性。例如，对于"高个子男人"这个概念，其外延就是不清晰的，一个身高 1.8m 的男人，算不算高个子男人呢？不同的人会给出不同的判断。还有如果 1.8m 的男人算高个子男人，那么1.79m 的又算不算呢？这说明模糊概念的外延不能用经典集合来刻画。

美国加利福尼亚大学控制论专家 L. A. 扎德于 1965 年首先提出了模糊集的概念，模糊集就是指具有某个模糊概念所描述的属性的对象的全体。对于模糊集，由于界定模糊集的概念本身是不清晰的，界限也是不分明的，因而在模糊集中，元素与集合的隶属关系也是不明确的，不是非此即彼的关系，无法用经典集合论中的"属于"与"不属于"来描述元素与集合间的关系，而只能说某元素多大程度属于某集合。

隶属度：元素属于集合的程度称为隶属度，元素 a 属于集合 A 的隶属度记为 $\mu_A(a)$。隶属度 $\mu_A(a)$ 是一个取值在 0~1 的小数，其大小表示元素 a 属于集合 A 的程度，$\mu_A(a)$ 越接近 1 说明元素 a 属于集合 A 的程度越大，$\mu_A(a)$ 越接近 0 说明元素 a 属于集合 A 的程度越小。

例如，用 A 表示"高个子男人"集，并认为身高为 1.85m 或以上的男人必为高个子男人，身高为 1.65m 以下的男人一定不是高个子男人，那么一个身高为 x 的男人，他属于集合 A 的隶属度由下述公式给出。

$$\mu_A(x) = \begin{cases} 0 & x < 1.65 \\ 2(\frac{x-1.65}{0.2})^2 & 1.65 \leqslant x < 1.75 \\ 1-2(\frac{x-1.85}{0.2})^2 & 1.75 \leqslant x < 1.85 \\ 1 & 1.85 \leqslant x \end{cases}$$

称 $\mu_A(x)$ 为隶属函数，根据隶属函数 $\mu_A(x)$，可求出身高为任意值的男人属于集合 A 的隶属度，比如：

当身高为 1.60m 时，$\mu_A(1.60) = 0$

当身高为 1.70m 时，$\mu_A(1.70) = 2(\frac{1.70-1.65}{0.2})^2 = 0.125$

当身高为 1.75m 时，$\mu_A(1.75) = 1 - 2(\frac{1.75-1.85}{0.2})^2 = 0.5$

当身高为 1.80m 时，$\mu_A(1.80) = 1 - 2(\frac{1.80-1.85}{0.2})^2 = 0.875$

当身高为 1.86m 时，$\mu_A(1.86) = 1$

上述结果表示：身高为 1.60m 、1.70m、1.75m、1.80m、1.86m 的男人属于高个子男人的隶属度分别为 0、0.125、0.5、0.875、1。

2. 确定隶属度的方法

在模糊综合评价中，需根据评价指标体系中最后一级指标对被评对象属于某一评价等级的程度作出评价。

例如，对教师课堂教学质量进行模糊综合评价，就要先对指标体系中每一个二级指标属于很好、较好、一般、较差、差的程度作出评价，结果如表 4 – 10 所示。

表 4 – 10　某教师课堂教学二级指标属于各等级的程度　　　　$n=200$

指标		很好	较好	一般	较差	很差
教学态度	精神饱满，仪表端庄得体	0.85	0.09	0.04	0.02	0
	按时上下课，重视课堂秩序管理	0.1	0.45	0.35	0.08	0.02
	责任心强，治学严谨，准备充分	0.9	0.08	0.02	0	0
	适时与学生沟通、交流	0.2	0.7	0.08	0.02	0
教学内容	内容充实，信息量大	0.8	0.1	0.04	0.04	0.02
	注重教学内容更新	0.15	0.7	0.1	0.025	0.025
	教材合适，介绍参考书和文献	0.65	0.2	0.05	0.07	0.03
教学方法	条理清楚，重点突出，概念准确	0.75	0.15	0.05	0.05	0
	启发式教学，激发学生学习兴趣	0.2	0.5	0.15	0.1	0.05
	口齿清楚，语言生动	0.3	0.45	0.2	0.05	0
	板书清楚，恰当使用多媒体手段	0.65	0.15	0.1	0.1	0
教学效果	对所讲内容基本掌握	0.6	0.25	0.1	0.05	0
	收获大，分析问题解决问题能力提高	0.65	0.2	0.08	0.07	0

从模糊集、隶属度的角度来分析表 4 - 10 的评价结果,将评价等级"很好"看作模糊集,"精神饱满,仪表端庄得体"看作元素,则该教师"精神饱满,仪表端庄得体"属于"很好"的隶属度就是 0.85 。

从模糊集、隶属度的角度来看,表 4 - 10 中与 0.85 类似的其他数据皆可看作是指标属于某一评价等级的隶属度。

模糊综合评价中根据评价指标的特性,经常用模糊统计法、隶属函数法来确定被评对象属于某一评价等级的隶属度。

(1) 模糊统计法。

模糊统计法就是通过调查(试验)的方式确定某元素 a 属于集合 A 的隶属度,如果在 n 次调查(试验)中有 m 次判定元素 a 属于集合 A,则元素 a 属于集合 A 的隶属度 $\mu_A(a)$ 按下列公式计算。

$$\mu_A(a) = \frac{m}{n} \tag{4 - 2}$$

例如,"青年人"是一个模糊集,用模糊统计法确定 27 岁属于"青年人"的隶属度方法如下。

对 129 人进行调查,各自认真考虑"青年人"的含义后,给出他们自己认为"青年人"最适宜的年龄范围,结果发现有 101 人所给出的年龄范围包含 27 岁,因此 27 岁属于"青年人"的隶属度为

$$\mu_{青年人}(27) = \frac{101}{129} = 0.78$$

类似可计算出其他年龄属于"青年人"的隶属度,结果如表 4 - 11 所示。

表 4 - 11　14—36 岁各年龄属于青年人的隶属度 (试验次数 129 次)

年龄	频数	隶属度	年龄	频数	隶属度	年龄	频数	隶属度
14	2	0.016	22	129	1	30	77	0.597
15	27	0.210	23	129	1	31	27	0.209
16	51	0.395	24	129	1	32	27	0.209
17	67	0.519	25	128	0.992	33	26	0.202
18	124	0.961	26	103	0.798	34	26	0.202
19	125	0.969	27	101	0.783	35	26	0.202
20	129	1	28	99	0.767	36	1	0.008
21	129	1	29	80	0.620			

注:本表数据摘自《模糊数学原理及应用》第 70 页,杨纶标、高英仪编著,华南理工大学出版社,2002。

事实上，表 4 – 10 中对某教师课堂教学质量属于各评价等级的隶属度就是用模糊统计法得到的。

模糊综合评价中，对于定性指标一般都用模糊统计法确定被评对象在评价指标上属于各评价等级的隶属度。

用模糊统计法确定隶属度应遵循 2 个基本原则：一是评价者必须对被评对象有相当的了解，有判定元素 a 属于集合 A 的能力，特别是涉及专业方面的评价，更应如此；二是评价者人数要足够多。

（2）隶属函数法。

实践中经常会遇到根据一个定量指标的取值来判断元素属不属于某集合的情况。比如，根据一个男人的身高来判断他属不属于"高个子男人"，根据一个人的年龄来判断他属不属于"青年人"，这里"高个子男人""青年人"都是模糊集，身高、年龄都是定量指标。对于这种根据一个定量指标的取值来判断元素属不属于集合这种情况，可以构造一个函数（公式）来计算元素属于集合的隶属度，所构造的函数称为隶属函数。

隶属函数：用一个函数（公式）来确定某一元素 x 属于模糊集 A 的隶属度，称该函数为隶属函数，记为 $\mu_A(x)$。

例如，"高个子男人"是一个模糊集，用 A 表示，用下述函数（公式）确定身高为 x 的男人属于"高个子男人"的隶属度。

$$\mu_A(x) = \begin{cases} 0 & x < 1.65 \\ 2(\dfrac{x - 1.65}{0.2})^2 & 1.65 \leqslant x < 1.75 \\ 1 - 2(\dfrac{x - 1.85}{0.2})^2 & 1.75 \leqslant x < 1.85 \\ 1 & 1.85 \leqslant x \end{cases} \quad (4 – 3)$$

公式（4 – 3）就是一个隶属函数。

隶属函数一般为分段函数，即将自变量 x 的取值分为不同范围，在不同范围内用不同的公式计算隶属度。公式（4 – 3）的隶属函数就将 x（代表身高）分为 4 个范围，不同范围内身高用不同公式计算属于"高个子男人"的隶属度，具体分段情况如下。

第一个身高范围：1.65m（不含）以下，身高在该范围内的男子属于"高个子男人"的隶属度为 0。

第二个身高范围：1.65m（含）与 1.75m（不含）之间，身高在该范围内的男子属于"高个子男人"的隶属度用公式 $\mu_A(x) = 2(\dfrac{x-1.65}{0.2})^2$ 计算。

第三个身高范围：1.75m（含）与 1.85m（不含）之间，身高在该范围内的男子属于"高个子男人"的隶属度用公式 $\mu_A(x) = 1 - 2(\dfrac{x-1.85}{0.2})^2$ 计算。

第四个身高范围：1.85m（含）以上，身高在该范围内的男子属于"高个子男人"的隶属度为 1。

根据公式（4-3），可计算出身高为任何值的男人属于"高个子男人"这一模糊集的隶属度。

当身高 = 1.6m 时，根据公式（4-3）可得：$\mu_A(1.6) = 0$，说明身高 = 1.6m 的男人属于"高个子男人"的隶属度为 0。

当身高 = 1.7m 时，根据公式（4-3）可得：

$$\mu_A(1.7) = 2(\frac{x-1.65}{0.2})^2 = 2(\frac{1.7-1.65}{0.2})^2 = 0.125 。$$

说明身高 = 1.7m 的男人属于"高个子男人"的隶属度为 0.125。

当身高 = 1.8m 时，根据公式（4-3）可得：

$$\mu_A(1.8) = 1 - 2(\frac{x-1.85}{0.2})^2 = 1 - 2(\frac{1.8-1.85}{0.2})^2 = 0.875 。$$

说明身高 = 1.8m 的男人属于"高个子男人"的隶属度为 0.875。

当身高 = 1.88m 时，根据公式（4-3）可得 $\mu_A(1.88) = 1$，说明身高 = 1.88m 的男人属于"高个子男人"的隶属度为 1。

隶属函数法：用隶属函数的方法确定某元素属于模糊集 A 的隶属度的方法。

以下是常用的几种隶属函数[①]，实际应用时，可根据所研究问题的性质选择符合实际情况的隶属函数。

①梯型隶属函数。

A. 偏小型：适用于负向指标（取值越小越好的指标），函数表达式如下，函数图形如图 4-1（a）。

---

① 隶属函数源自：杨纶标，高英仪. 模糊数学原理及应用 [M]. 广州：华南理工大学出版社，2002：75-81.

$$\mu_A(x) = \begin{cases} 1 & x < a \\ \dfrac{b-x}{b-a} & a \leqslant x \leqslant b \\ 0 & b < x \end{cases} \qquad (a、b\ 大小根据实际情况确定)$$

B. 偏大型：适用于正向指标（取值越大越好的指标），函数表达式如下，函数图形如图4－1（b）。

$$\mu_A(x) = \begin{cases} 0 & x < a \\ \dfrac{x-a}{b-a} & a \leqslant x \leqslant b \\ 1 & b < x \end{cases} \qquad (a、b\ 大小根据实际情况确定)$$

C. 中间型：适用于适度指标（取中间值好的指标），函数表达式如下，函数图形如图4－1（c）。

$$\mu_A(x) = \begin{cases} 0 & x < a \\ \dfrac{x-a}{b-a} & a \leqslant x < b \\ 1 & b \leqslant x < c \\ \dfrac{d-x}{d-c} & c \leqslant x < d \\ 0 & d \leqslant x \end{cases} \qquad (a、b、c、d\ 大小根据实际情况确定)$$

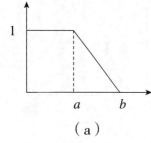 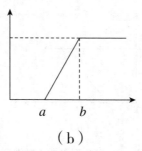 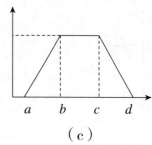

（a）　　　　　　　（b）　　　　　　　（c）

图4－1　梯型隶属函数图形

②抛物型隶属函数。

A. 偏小型：适用于负向指标（取值越小越好的指标），函数表达式如下，函数图形如图4－2（a）。

$$\mu_A(x) = \begin{cases} 1 & x < a \\ \left(\dfrac{b-x}{b-a}\right)^k & a \leqslant x < b \\ 0 & b \leqslant x \end{cases} \qquad (a、b、k\ 大小根据实际情况确定)$$

B. 偏大型：适用于正向指标（取值越大越好的指标），函数表达式如下，函数图形如图4-2（b）。

$$\mu_A(x) = \begin{cases} 0 & x < a \\ \left(\dfrac{x-a}{b-a}\right)^k & a \leqslant x < b \\ 1 & b \leqslant x \end{cases} \qquad (a、b、k\ 大小根据实际情况确定)$$

C. 中间型：适用于适度指标（取中间值好的指标），函数表达式如下，函数图形如图4-2（c）。

$$\mu_A(x) = \begin{cases} 0 & x < a \\ \left(\dfrac{x-a}{b-a}\right)^k & a \leqslant x < b \\ 1 & b \leqslant x < c \\ \left(\dfrac{d-x}{d-c}\right)^k & c \leqslant x < d \\ 0 & d \leqslant x \end{cases} \qquad (a、b、c、d、k\ 大小根据实际情况确定)$$

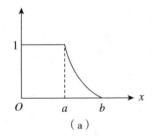
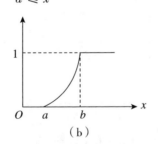
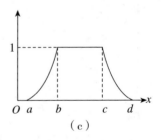

（a） （b） （c）

图4-2 抛物型隶属函数图形

③正态型隶属函数。

A. 偏小型：适用于负向指标（取值越小越好的指标），函数表达式如下，函数图形如图4-3（a）。

$$\mu_A(x) = \begin{cases} 1 & x \leqslant a \\ e^{-\left(\frac{x-a}{\sigma}\right)^2} & a < x \end{cases} \qquad (\sigma\ 为标准差，a\ 大小根据实际情况确定)$$

B. 偏大型：适用于正向指标（取值越大越好的指标），函数表达式如下，函数图形如图 4-3（b）。

$$\mu_A(x) = \begin{cases} 0 & x \leq a \\ 1 - e^{-(\frac{x-a}{\sigma})^2} & a < x \end{cases} \qquad (\sigma\ \text{为标准差，}a\ \text{大小根据实际情况确定})$$

C. 中间型：适用于适度指标（取中间值好的指标），函数表达式如下，函数图形如图 4-3（c）。

$$\mu_A(x) = e^{-(\frac{x-a}{\sigma})^2} \qquad -\infty < x < +\infty \qquad (\sigma\ \text{为标准差，}a\ \text{大小根据实际情况确})$$

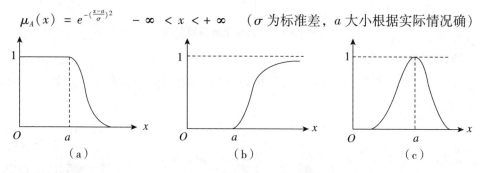

图 4-3　正态型隶属函数图形

④哥西型隶属函数。

A. 偏小型：适用于负向指标（取值越小越好的指标），函数表达式如下，函数图形如图 4-4（a）。

$$\mu_A(x) = \begin{cases} 1 & x \leq a \\ \dfrac{1}{1 + b(x-a)^c} & a < x(b > 0, c > 0) \end{cases} \qquad (a、b、c\ \text{大小根据实际情况确定})$$

B. 偏大型：适用于正向指标（取值越大越好的指标），函数表达式如下，函数图形如图 4-4（b）。

$$\mu_A(x) = \begin{cases} 0 & x \leq a \\ \dfrac{1}{1 + b(x-a)^{-c}} & a < x(b > 0, c > 0) \end{cases} \qquad (a、b、c\ \text{大小根据实际情况确定})$$

C. 中间型：适用于适度指标（取中间值好的指标），函数表达式如下，函数图形如图 4-4（c）。

$$\mu_A(x) = \dfrac{1}{1 + b(x-a)^c} \qquad (b > 0, c\ \text{正偶数})(a、b、c\ \text{大小根据实际情况确定})$$

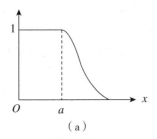 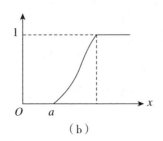 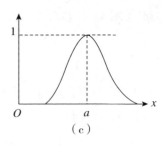

（a） （b） （c）

图4－4　哥西型隶属函数图形

⑤岭型隶属函数。

A. 偏小型：适用于负向指标（取值越小越好的指标），函数表达式如下，函数图形如图4－5（a）。

$$\mu_A(x) = \begin{cases} 1 & x < a \\ \dfrac{1}{2} - \dfrac{1}{2}\sin\dfrac{\pi}{b-a}(x - \dfrac{a+b}{2}) & a \le x < b \\ 0 & b \le x \end{cases} \quad （a、b\ 大小根据\ 实际情况确定）$$

B. 偏大型：适用于正向指标（取值越大越好的指标），函数表达式如下，函数图形如图4－5（b）。

$$\mu_A(x) = \begin{cases} 0 & x < a \\ \dfrac{1}{2} + \dfrac{1}{2}\sin\dfrac{\pi}{b-a}(x - \dfrac{a+b}{2}) & a \le x < b \\ 1 & b \le x \end{cases} \quad （a、b\ 大小根据\ 实际情况确定）$$

C. 中间型：适用于适度指标（取中间值好的指标），函数表达式如下，函数图形如图4－5（c）。

$$\mu_A(x) = \begin{cases} 0 & x < -b \\ \dfrac{1}{2} + \sin\dfrac{\pi}{b-a}(x - \dfrac{a+b}{2}) & -b \le x < -a \\ 1 & -a \le x < a \\ \dfrac{1}{2} - \dfrac{1}{2}\sin\dfrac{\pi}{b-a}(x - \dfrac{a+b}{2}) & a \le x < b \\ 0 & b \le x \end{cases} \quad （a、b\ 大小根据\ 实际情况确定）$$

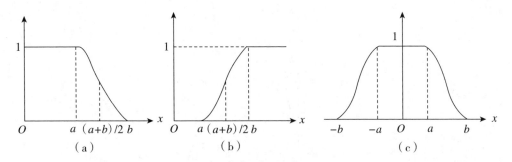

图4-5　岭型隶属函数图形

上面给出了5种隶属函数形式，在实际应用中可根据研究对象所具有的特点加以选择。一种选择方法是先通过模糊统计法描出隶属度大致曲线，将它与给出的5种隶属函数图形进行比较，选择最接近的一个，再根据实际情况确定隶属函数中的参数，这样便可比较容易地写出隶属函数表达式。

例如，根据对"青年人"年龄范围调查资料的整理，得到各年龄属于"青年人"的隶属度（结果见表4-11），以年龄为横坐标、隶属度为纵坐标，根据表4-11的数据可得年龄与属于"青年人"隶属度的关系图，如图4-6所示。

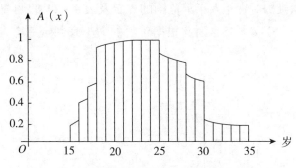

图4-6　年龄与属于"青年人"隶属度的关系

将图4-6与5种隶属函数图形进行对比，发现图4-6与梯型隶属函数（中间型）的形状［图4-1（c）］很接近，因此可选用梯型隶属函数（中间型）作为"青年人"的隶属函数，函数表达式如下。

$$\mu_A(x) = \begin{cases} 0 & x < a \\ \dfrac{x-a}{b-a} & a \leqslant x < b \\ 1 & b \leqslant x < c \\ \dfrac{d-x}{d-c} & c \leqslant x < d \\ 0 & d \leqslant x \end{cases}$$

下面根据年龄的特征来确定上述隶属函数中的参数 a、b、c、d 的取值大小。

关于青年人的年龄界定，国内外不同组织机构给出了不同的年龄范围，例如：

联合国：15~24 岁。

世界卫生组织：14~44 岁。

联合国教科文组织：14~34 岁。

我国国家统计局：15~34 岁。

共青团：14~28 岁。

青年联合会：18~40 岁。

根据上述组织机构对青年人年龄范围的界定及表 4-11 的调查结果，可以确定 $a=14$，$b=20$，$c=25$，$d=35$，因此根据年龄的大小来判定一个人属于"青年人"的隶属函数为：

$$\mu_A(x) = \begin{cases} 0 & x < 14 \\ \dfrac{x-14}{20-14} & 14 \leqslant x < 20 \\ 1 & 20 \leqslant x < 25 \\ \dfrac{35-x}{35-25} & 25 \leqslant x < 35 \\ 0 & 35 \leqslant x \end{cases}$$

3. 模糊合成算子

某服装厂欲对顾客对其所生产服装受欢迎程度进行评价，评价指标体系、权重如表 4-12 所示。

表 4 – 12　服装受欢迎程度评价指标体系、权重

评价目标	指标名称	权重
服装受欢迎程度	花色	0.3
	样式	0.3
	价格	0.2
	舒适度	0.2

200 名顾客从花色、样式、价格、舒适度 4 个方面对该服装厂生产的某款服装受欢迎程度进行了评价，评价结果如表 4 – 13 所示。

表 4 – 13　200 名顾客对某款服装受欢迎程度评价结果

指标	很好	较好	一般	较差	很差
花色	0.81	0.12	0.05	0.02	0
样式	0.1	0.42	0.38	0.08	0.02
价格	0.85	0.10	0.02	0.03	0
舒适度	0.18	0.7	0.10	0.02	0

表 4 – 13 给出了 200 名顾客从花色、样式、价格、舒适度的某一方面对某款服装的评价结果，要想得到顾客从花色、样式、价格、舒适度这 4 个方面对该款服装受欢迎程度的综合评价结果，需要用一定的方法将表 4 – 13 中 4 个方面的评价结果、表 4 – 12 中每个指标的权重进行合成，得到一个总的评价结果。

模糊合成算子：在模糊综合评价中，将多个指标评价结果及其权重进行合成的方法叫作模糊合成算子。

模糊综合评价提供了 4 种模糊合成算子。下面以上述对某款服装受欢迎程度的评价为例介绍 4 种模糊合成算子，为方便介绍，将指标的权重、评价结果用向量、矩阵表示。

花色、样式、价格、舒适度这 4 个评价指标的权重记为：

$W = (0.3, 0.3, 0.2, 0.2)$，称 W 为权重向量。

表 4 – 13 的评价结果记为：

$$R = \begin{pmatrix} 0.81 & 0.12 & 0.05 & 0.02 & 0.00 \\ 0.10 & 0.42 & 0.38 & 0.08 & 0.02 \\ 0.85 & 0.10 & 0.02 & 0.03 & 0.00 \\ 0.18 & 0.70 & 0.10 & 0.02 & 0.00 \end{pmatrix}, \text{称 } R \text{ 为评价矩阵}$$

将 W 与 R 进行合成，就是进行如下形式的运算。

$$B = W \odot R \qquad\qquad (4-4)$$

公式（4-4）中 W 为权重向量，R 为评价矩阵，$\odot$ 为模糊合成算子，B 即为用模糊合成算子"$\odot$"将权重向量与评价矩阵合成的综合评价结果。

在模糊综合评价中，模糊合成算子 $\odot$ 有如下 4 种。

M（$\wedge$，$\vee$）算子：先取小后取大算子；

M（·，$\vee$）算子：先相乘后取大算子；

M（$\wedge$，$\oplus$）算子：先取小后求和算子；

M（·，$\oplus$）算子：先相乘后求和算子。

4 种算子的表示符号中：$\wedge$ 表示取小，$\vee$ 表示取大，· 表示相乘，$\oplus$ 表示求和。

（1）M（$\wedge$，$\vee$）算子。

用 M（$\wedge$，$\vee$）算子代替公式（4-4）中模糊合成算子"$\odot$"，则运算结果如下。

$$(0.3, 0.3, 0.2, 0.2) \odot \begin{pmatrix} 0.81 & 0.12 & 0.05 & 0.02 & 0.00 \\ 0.10 & 0.42 & 0.38 & 0.08 & 0.02 \\ 0.85 & 0.10 & 0.02 & 0.03 & 0.00 \\ 0.18 & 0.70 & 0.10 & 0.02 & 0.00 \end{pmatrix}$$

$= (0.3, 0.3, 0.3, 0.08, 0.02)$

M（$\wedge$，$\vee$）算子运算规则如下。

先取小：将权重向量 W 的 4 个数与评价矩阵 R 第 i 列的 4 个数按位置顺序配对进行比较，取 2 个数中较小的数。

后取大：在取小结果的 4 个数中取其中最大的数。

权重向量 W 与评价矩阵 R 第 1 列的运算过程与结果如图 4-7 所示。

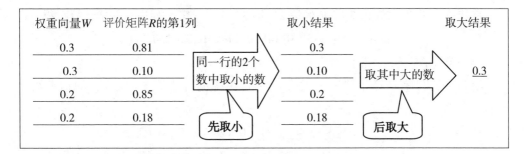

图 4-7 M（∧，∨）算子运算规则

将权重向量 W 与评价矩阵 R 的第 2、第 3、第 4、第 5 列进行同样计算，得

$$W \odot R = (0.3, 0.3, 0.3, 0.08, 0.02)$$

（2）M（·，∨）算子。

用 M（·，∨）算子代替公式（4-4）中模糊合成算子"$\odot$"，则运算结果如下：

$$(0.3, 0.3, 0.2, 0.2) \odot \begin{pmatrix} 0.81 & 0.12 & 0.05 & 0.02 & 0.00 \\ 0.10 & 0.42 & 0.38 & 0.08 & 0.02 \\ 0.85 & 0.10 & 0.02 & 0.03 & 0.00 \\ 0.18 & 0.70 & 0.10 & 0.02 & 0.00 \end{pmatrix}$$

$$= (0.243, 0.14, 0.114, 0.024, 0.006)$$

M（·，∨）算子运算规则如下。

先相乘：将权重向量 W 的 4 个数与评价矩阵 R 第 i 列的 4 个数按位置顺序配对相乘。

后取大：在相乘结果的 4 个数中取其中最大的数。

权重向量 W 与评价矩阵 R 第 1 列的运算过程与结果如图 4-8 所示。

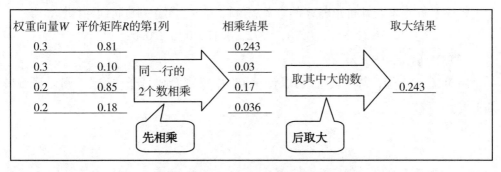

图 4-8 M（·，∨）算子运算规则

将权重向量 W 与评价矩阵 R 的第 2、第 3、第 4、第 5 列进行同样计算，得

$$W \odot R = (0.243, 0.14, 0.114, 0.024, 0.006)$$

（3）M（$\wedge$，$\oplus$）算子。

用 M（$\wedge$，$\oplus$）算子代替公式（4-4）中模糊合成算子"$\odot$"，则运算结果如下：

$$(0.3, 0.3, 0.2, 0.2) \odot \begin{pmatrix} 0.81 & 0.12 & 0.05 & 0.02 & 0.00 \\ 0.10 & 0.42 & 0.38 & 0.08 & 0.02 \\ 0.85 & 0.10 & 0.02 & 0.03 & 0.00 \\ 0.18 & 0.70 & 0.10 & 0.02 & 0.00 \end{pmatrix}$$

$$= (0.78, 0.72, 0.47, 0.15, 0.02)$$

M（$\wedge$，$\oplus$）算子运算规则如下。

先取小：将权重向量 W 的 4 个数与评价矩阵 R 第 i 列的 4 个数按位置顺序配对比较大小，取 2 个数中较小的数。

后求和：将取小结果的 4 个数相加。

权重向量 W 与评价矩阵 R 第 1 列的运算过程与结果如图 4-9 所示。

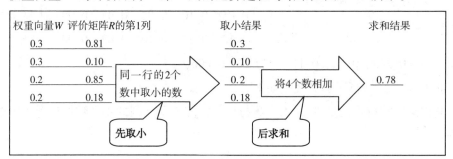

图 4-9 M（$\wedge$，$\oplus$）算子运算规则

将权重向量 W 与评价矩阵 R 的第 2、第 3、第 4、第 5 列进行同样计算，得：

$$W \odot R = (0.78, 0.72, 0.47, 0.15, 0.02)$$

（4）M（$\cdot$，$\oplus$）算子。

用 M（$\cdot$，$\oplus$）算子代替公式（4-4）中模糊合成算子"$\odot$"，则运算结果如下。

$$(0.3, 0.3, 0.2, 0.2) \odot \begin{pmatrix} 0.81 & 0.12 & 0.05 & 0.02 & 0.00 \\ 0.10 & 0.42 & 0.38 & 0.08 & 0.02 \\ 0.85 & 0.10 & 0.02 & 0.03 & 0.00 \\ 0.18 & 0.70 & 0.10 & 0.02 & 0.00 \end{pmatrix}$$

$$= (0.479, 0.322, 0.153, 0.04, 0.006)$$

M（·，⊕）算子运算规则如下。

先相乘：将权重向量 W 的 4 个数与评价矩阵 R 第 i 列的 4 个数按位置顺序配对相乘。

后求和：将相乘结果的 4 个数相加。

权重向量 W 与评价矩阵 R 第 1 列的运算过程与结果如图 4-10 所示。

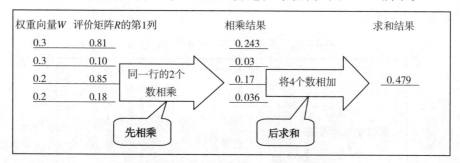

图 4-10　M（·，⊕）算子运算规则

将权重向量 W 与评价矩阵 R 的第 2、第 3、第 4、第 5 列进行同样计算，得：

$$W \odot R = (0.479, 0.322, 0.153, 0.04, 0.006)$$

以上 4 个模糊合成算子在模糊综合评价中的特点如表 4-14 所示。在实际应用中经常使用 M（·，⊕）算子。

表 4-14　4 个模糊合成算子的特点

特点	模糊合成算子			
	M（∧，∨）	M（·，∨）	M（∧，⊕）	M（·，⊕）
体现权重作用	不明显	明显	不明显	明显
利用 R 的信息	不充分	不充分	比较充分	充分
综合程度	弱	弱	强	强
类型	主因素突出型	主因素突出型	加权平均型	加权平均型

（三）模糊综合评价方法

模糊综合评价（fuzzy comprehensive evaluation）是以模糊数学为基础，应用模糊关系合成的原理，将一些边界不清、不易定量的因素定量化，从多个因素对被评价事物隶属等级状况进行综合评价的一种方法①。

进行模糊综合评价时，根据评价指标体系的结构不同，可分为单级模糊综合评价与多级模糊综合评价。

单级模糊综合评价：如果评价指标体系是没有分层的单层指标体系结构，又选用模糊综合评价方法对被评对象进行评价，此时所进行的模糊综合评价就是单级模糊综合评价。例如，某服装厂欲对其所生产服装受顾客欢迎程度进行评价，评价指标体系如表4-15所示。

表4-15　服装受欢迎程度评价指标体系

评价目标	指标名称	权重
服装受欢迎程度	花色	0.3
	样式	0.3
	价格	0.2
	舒适度	0.2

上述指标体系就是没有分层的单层指标体系，根据该评价指标体系进行模糊综合评价就是单级模糊综合评价。

多级模糊综合评价：如果评价指标体系是分层的多层指标体系，又选用模糊综合评价方法对被评对象进行评价，此时所进行的模糊综合评价就是多级模糊综合评价。例如，对教师课堂教学质量进行评价，指标体系如表4-16所示。

表4-16　课堂教学质量评价指标体系、指标权重

评价目标	一级指标	权重	二级指标	权重
课堂教学质量	教学态度	0.25	精神饱满，仪表端庄得体	0.2
			按时上下课，重视课堂秩序管理	0.1
			责任心强，治学严谨，准备充分	0.4
			适时与学生沟通、交流	0.3

---

① 刘元凤. 创新型城市的综合评价研究［D］. 上海：复旦大学，2010.

评价目标	一级指标	权重	二级指标	权重
课堂教学质量	教学内容	0.3	内容充实，信息量大	0.5
			注重教学内容更新	0.3
			教材合适，介绍参考书和文献	0.2
	教学方法	0.3	条理清楚，重点突出，概念准确	0.3
			启发式教学，激发学生学习兴趣	0.3
			口齿清楚，语言生动	0.2
			板书清楚，恰当使用多媒体手段	0.2
	教学效果	0.15	对所讲内容基本掌握	0.4
			收获大，分析问题解决问题能力提高	0.6

上述指标体系由 4 个一级指标，每个一级指标又由若干个二级指标构成，是分层的多层指标体系，根据该评价指标体系进行模糊综合评价就是多级模糊综合评价。

单级模糊综合评价是多级模糊综合评价的基础，多级模糊综合评价可看成是由多个单级模糊综合评价组成。

比如按表 4-16 的指标体系对教师课堂教学质量进行模糊综合评价时，可分为以下 5 个单级模糊综合评价。

①对教学态度做单级模糊综合评价。将教学态度看作评价目标，根据其所包括的 4 个二级指标及权重可对教学态度进行单级模糊综合评价。

②对教学内容做单级模糊综合评价。将教学内容看作评价目标，根据其所包括的 3 个二级指标及权重可对教学内容进行单级模糊综合评价。

③对教学方法做单级模糊综合评价。将教学方法看作评价目标，根据其所包括的 4 个二级指标及权重可对教学方法进行单级模糊综合评价。

④对教学效果做单级模糊综合评价。将教学效果看作评价目标，根据其所包括的 2 个二级指标及权重可对教学效果进行单级模糊综合评价。

⑤对课堂教学质量做单级模糊综合评价。将课堂教学质量看作评价目标，根据其所包括的 4 个一级指标及权重可对教学态度进行单级模糊综合评价。

1. 单级模糊综合评价

（1）单级模糊综合评价的步骤。

第 1 步：确定评价指标体系及各指标的权重。

单级模糊综合评价的评价指标体系是较为简单的单层评价指标体系，设评价指标体系包含 m 个指标，评价指标体系、指标权重用如下符号表示。

评价指标体系：$U = \{u_1, u_2, \cdots, u_m\}$

指标权重：$W = (w_1, w_2, \cdots, w_m)$

称 U 为评价指标集，W 为权重向量。

第 2 步：确定评价等级。

评价等级是指根据评价指标对被评对象进行评价的结果，评价等级一般取 3 ~ 7 个，取奇数较为常见。比如可将评价等确定为 5 个等级：非常好、很好、一般、不好、非常不好。

不失一般性，设有 n 个评价等级，评价等级表示如下。

$$V = \{v_1, v_2, \cdots, v_n\}$$

称 V 为评语集，v_1、$v_2\cdots v_n$ 为 n 个评价等级。

例如，对某款服装受欢迎程度进行评价时，分 5 个评价等级：很受欢迎、欢迎、一般、不受欢迎、很不受欢迎，因此评语集 $V = \{$很受欢迎，欢迎，一般，不受欢迎，很不受欢迎$\}$。

第 3 步：进行单指标评价，得单指标评价向量。

根据第 1 个指标 u_1 对被评对象进行评价，得到被评对象在第 1 个指标 u_1 上属于评语集 V 中各评价等级 v_i（$i = 1, 2, \cdots, n$）的隶属度（隶属度的确定方法本书第 76 页至第 85 页有介绍）。将被评对象在第 1 个指标 u_1 上属于第 1 个等级 v_1 的隶属度记为 r_{11}（r_{11} 右下标"11"中第 1 个"1"代表指标序号，第 2 个"1"代表评价等级序号，以下 r_{ij} 中右下标"ij"的含义也是如此），属于第 2 个等级 v_2 的隶属度记为 r_{12}，属于第 3 个等级 v_3 的隶属度记为 r_{13}，属于第 n 个等级 v_n 的隶属度记为 r_{1n}，被评对象在第 1 个指标 u_1 上的评价结果用如下单指标评价向量 r_1 表示。

$$r_1 = (r_{11}, r_{12}, r_{13}, \cdots, r_{1n})$$

根据第 2 个指标 u_2 对被评对象进行评价，被评对象在第 2 个指标 u_2 上的评价结果用如下单指标评价向量 r_2 表示。

$$r_2 = (r_{21}, r_{22}, r_{23}, \cdots, r_{2n})$$

根据第 3 个指标 u_3 对被评对象进行评价，被评对象在第 3 个指标 u_3 上的评价结果用如下单指标评价向量 r_3 表示。

$$r_3 = (r_{31}, r_{32}, r_{33}, \cdots, r_{3n})$$

一般地，根据第 i 个指标 u_i 对被评对象进行评价，被评对象在第 i 个指标 u_i 上的评价结果用如下单指标评价向量 r_i 表示。

$$r_i = (r_{i1}, r_{i2}, r_{i3}, \cdots, r_{in})$$

称 r_i 为评价指标 u_i 的单指标评价向量，r_{i1} 表示评价对象在第 i 个指标上属于评价等级 v_1 的隶属度，r_{i2} 表示评价对象在第 i 个指标上属于评价等级 v_2 的隶属度，r_{in} 表示评价对象在第 i 个指标上属于评价等级 v_n 的隶属度。

第 4 步：建立评价矩阵，进行模糊合成，得到模糊综合评价向量。

① 构建评价矩阵 R。

将第 1 个评价指标 u_1 的单指标评价向量 r_1 放在第 1 行，第 2 个评价指标 u_2 的单指标评价向量 r_2 放在第 2 行，第 3 个评价指标 u_3 的单指标评价向量 r_3 放在第 3 行，第 m 个评价指标 u_m 的单指标评价向量 r_m 放在第 m 行，得如下矩阵 R。

$$R = \begin{pmatrix} r_{11} & r_{12} & \cdots & r_{1n} \\ r_{21} & r_{22} & \cdots & r_{2n} \\ \cdots & \cdots & \cdots & \cdots \\ r_{m1} & r_{m2} & \cdots & r_{mn} \end{pmatrix}$$

称 R 为评价矩阵，矩阵 R 中数据 r_{ij} 表示被评对象在第 i 个指标上属于第 j 个评价等级 v_j 的隶属度。

② 构建权重向量 W。

用各评价指标的权重组成权重向量 $W = (w_1, w_2, \cdots, w_m)$

③ 用模糊合成算子"$\odot$"将权重向量 W 与评价矩阵 R 进行模糊合成。

在 4 种模糊合成算子中选用 1 种算子对权重向量 W 与评价矩阵 R 进行模糊合成（模糊合成算子相关知识本章第 85 页至第 90 页有介绍），得到模糊综合评价向量 B，B 的计算公式如下。

$$B = W \odot R = (w_1, w_2, w_3, \cdots, w_m) \odot \begin{pmatrix} r_{11} & r_{12} & \cdots & r_{1n} \\ r_{21} & r_{22} & \cdots & r_{2n} \\ \cdots & \cdots & \cdots & \cdots \\ r_{m1} & r_{m2} & \cdots & r_{mn} \end{pmatrix} = (b_1, b_2, b_3, \cdots, b_n) \quad (4-5)$$

在公式（4-5）中，$B = (b_1, b_2, b_3, \cdots, b_n)$ 为模糊综合评价向量，该向量给出了被评价对象属于各评价等级的隶属度，$b_j(j = 1, 2, \cdots, n)$ 表示被评价对象属于第 j 个评价等级 $v_j(j = 1, 2, \cdots, n)$ 的隶属度。

第 5 步：根据模糊综合评价向量对被评对象做出评价。

根据模糊综合评价向量 B 对被评对象进行评价，有以下 2 种评价方式。

方式 1：按最大隶属原则进行评价。

如果评价的目的只需给出被评对象的评价等级，则根据模糊综合评价向量 B 各分量 b_1、b_2、b_3⋯b_n 的大小，选择最大的 b_j 所对应的评价等级 v_j 作为被评对象的评价等级。

例如，对某款服装受欢迎程度进行评价时，模糊综合评价向量 B =（0.505，0.318，0.137，0.034，0.006），由于模糊综合评价向量 B 中最大分量是 b_1 = 0.505，按最大隶属度原则，可以认为顾客对该款服装的综合评价结果是 b_1 所对应的评价等级 v_1：很受欢迎。

方式2：按加权原则进行评价。

如果评价的目的是对多个被评对象进行排序，则先给评语集 $V = \{v_1,v_2,\cdots,v_n\}$ 中每一个评价等级 $v_i (i = 1,2,\cdots,n)$ 赋予一个分值 s_i，记为 $S = (s_1,s_2,\cdots,s_n)$，称 S 为评分集。然后以模糊综合评价向量 $B = (b_1,b_2,b_3,\cdots,b_n)$ 中各分量 b_1、b_2、b_3⋯b_n 为权重[①]，按下述公式计算被评对象的综合评分 F。

$$F = b_1 \times s_1 + b_2 \times s_2 + \cdots + b_n \times s_n \tag{4-6}$$

根据被评对象的综合评分 F，对它们进行排序。

例如，对 A、B、C 等3款服装受欢迎程度进行评价，A 服装的模糊综合评价向量 B_1 =（0.505，0.318，0.137，0.034，0.006），B 服装的模糊综合评价向量 B_2 =（0.495，0.328，0.146，0.03，0.001），C 服装的模糊综合评价向量 B_3 =（0.506，0.308，0.127，0.051，0.008），试对 A、B、C 等3款服装受欢迎程度进行排序。

先给很受欢迎、受欢迎、一般、不受欢迎、很不受欢迎这5个评价等级分别赋予一个分数，百分制赋分结果如表4-17所示。

表4-17　服装受欢迎程度评价等级百分制赋分

评价等级	很受欢迎	受欢迎	一般	不欢迎	很不受欢迎
百分制赋分	95	85	75	60	50

将 A 服装的模糊综合评价向量 B_1、表4-17的评价等级赋分结果代入公式（4-6）可计算出 A 服装的综合评分 F_A。

$F_A = 0.505 \times 95 + 0.318 \times 85 + 0.137 \times 75 + 0.034 \times 60 + 0.006 \times 50 = 87.62$

将 B 服装的模糊综合评价向量 B_2、表4-17的评价等级赋分结果代入公式（4-6）可计算出 B 服装的综合评分 F_B。

---

① 如果 b_1、b_2、b_3⋯b_n 未归一化，则需将 b_1、b_2、b_3⋯b_n 进行归一化处理。

$$F_B = 0.495 \times 95 + 0.328 \times 85 + 0.146 \times 75 + 0.03 \times 60 + 0.001 \times 50 = 87.71$$

将 C 服装的模糊综合评价向量 B_3、表 4 – 17 的评价等级赋分结果代入公式（4 – 6）可计算出 C 服装的综合评分 F_C：

$$F_C = 0.506 \times 95 + 0.308 \times 85 + 0.127 \times 75 + 0.051 \times 60 + 0.008 \times 50 = 87.24$$

根据 A、B、C 等 3 款服装受欢迎程度综合评分大小进行排序，结果为：B、A、C。

（2）单级模糊综合评价举例。

例 4 – 2　用单级模糊综合评价方法对某款服装受欢迎程度进行评价。

第 1 步：确定评价指标体系及各指标的权重。

服装受欢迎程度评价指标体系、权重如表 4 – 18 所示。

表 4 – 18　服装受欢迎程度评价指标体系、权重

评价目标	指标名称	权重
服装受欢迎程度	花色	0.3
	样式	0.3
	价格	0.2
	舒适度	0.2

由表 4 – 18 可知权重向量 $W = (0.3, 0.3, 0.2, 0.2)$

第 2 步：确定评价等级。

评价等级分 5 个等级：很受欢迎、受欢迎、一般、不受欢迎、很不受欢迎，因此评语集 $V = \{$很受欢迎，受欢迎，一般，不受欢迎，很不受欢迎$\}$。

第 3 步：进行单指标评价，得到单指标评价向量。

200 名顾客从花色、样式、价格、舒适度 4 个方面对某款服装受欢迎程度进行了评价，评价结果如表 4 – 19 所示。

表 4 – 19　200 名顾客对某服装受欢迎程度的评价结果

指标	很受欢迎	受欢迎	一般	不受欢迎	很不受欢迎
花色	162	24	10	4	0
样式	20	84	76	16	4
价格	170	20	4	6	0
舒适度	36	140	20	4	0

采用模糊统计法，用公式（4-2）计算出4个评价指标各自的单指标评价向量，结果如下。

第1个指标"花色"的单指标评价向量 $r_1 = (0.81, 0.12, 0.05, 0.02, 0.00)$

第2个指标"样式"的单指标评价向量 $r_2 = (0.10, 0.42, 0.38, 0.08, 0.02)$

第3个指标"价格"的单指标评价向量 $r_3 = (0.85, 0.10, 0.02, 0.03, 0.00)$

第4个指标"舒适度"的单指标评价向量 $r_4 = (0.18, 0.70, 0.10, 0.02, 0.00)$

第4步：建立评价矩阵，进行模糊合成，得到模糊综合评价结果向量。

① 构建评价矩阵 R。

由4个评价指标各自的单指标评价向量构造出评价矩阵 R：

$$R = \begin{pmatrix} 0.81 & 0.12 & 0.05 & 0.02 & 0.00 \\ 0.10 & 0.42 & 0.38 & 0.08 & 0.02 \\ 0.85 & 0.10 & 0.02 & 0.03 & 0.00 \\ 0.18 & 0.70 & 0.10 & 0.02 & 0.00 \end{pmatrix}$$

② 构建权重向量 W。

4个评价指标的权重向量 $W = (0.3, 0.3, 0.2, 0.2)$

③ 用模糊合成算子"⊙"将权重向量 W 与评价矩阵 R 进行模糊合成。

这里选用模糊合成算子 $M(\cdot, \oplus)$（该算子的运算规则在本章第90页有介绍）将权重向量 W 与评价矩阵 R 进行模糊合成，得模糊综合评价向量 B。

$$B = W \odot R = (0.3, 0.3, 0.2, 0.2) \odot \begin{pmatrix} 0.81 & 0.12 & 0.05 & 0.02 & 0.00 \\ 0.10 & 0.42 & 0.38 & 0.08 & 0.02 \\ 0.85 & 0.10 & 0.02 & 0.03 & 0.00 \\ 0.18 & 0.70 & 0.10 & 0.02 & 0.00 \end{pmatrix}$$

$$= (0.479, 0.322, 0.153, 0.04, 0.006)$$

第5步：根据模糊综合评价向量对被评对象做出评价。

方式一：按最大隶属原则进行评价。

模糊综合评价向量 $B = (0.479, 0.322, 0.153, 0.04, 0.006)$，由于 B 中最大分量是 $b_1 = 0.479$，按最大隶属度原则，可以认为顾客对该款服装的综合评价结果是

b_1 所对应的评价等级 v_1：很受欢迎。

方式二：按加权原则进行评价。

先给很受欢迎、受欢迎、一般、不受欢迎、很不受欢迎这 5 个评价等级分别赋予一个分数，百分制赋分结果如下。

评价等级	很受欢迎	受欢迎	一般	不欢迎	很不受欢迎
百分制赋分	95	85	75	60	50

将模糊综合评价向量 $B =$ （0.479，0.322，0.153，0.04，0.006）、上述评价等级赋分结果代入公式（4-6）可得该款服装的综合评分 F。

$$F = 0.479 \times 95 + 0.322 \times 85 + 0.153 \times 75 + 0.04 \times 60 + 0.006 \times 50 = 87.05$$

2. 多级模糊综合评价

如果对一个复杂系统进行评价，由于考虑的因素比较多，并且各因素间往往还有层次之分，这时评价指标体系会是一个分层的多级评价指标体系，如前面表4-16 所示的课堂教学质量评价指标体系就是一个典型的分层多级评价指标体系。

如果在评价过程中所建立的评价指标体系是一个分层的多级评价指标体系，又选用模糊综合评价方法进行评价，则应该采用多级模糊综合评价模型对被评价对象进行评价。

多级模糊综合评价的步骤与单级模糊综合评价相似，不同之处在于第 4 步，单级模糊综合评价只需构建一个评价矩阵，进行一次模糊合成运算即可得到模糊综合评价结果，而多级模糊综合评价则需根据评价指标体系的分层情况，逐层构建多个评价矩阵，逐层进行多次的模糊合成运算才能得到模糊综合评价结果，也就是要进行多次单级模糊综合评价才能得到最终评价结果。评价矩阵的构建、模糊合成运算这两项工作多级模糊综合评价比单级模糊综合评价要烦琐许多。

（1）多级模糊综合评价的步骤。

第 1 步：确定评价指标体系及各指标的权重。

多级模糊综合评价的评价指标体系是一个分层的多级评价指标体系，为方便描述，设评价指标体系是一个分层的 3 级评价指标体系，指标体系结构及权重如表4-20 所示。

表 4 – 20 分层多级评价指标体系及权重

一级指标		二级指标		三级指标	
指标代码	权重	指标代码	权重	指标代码	权重
A_1	w_1	A_{11}	w_{11}	A_{111} A_{112} A_{113}	w_{111} w_{112} w_{113}
		A_{12}	w_{12}	A_{121} A_{122}	w_{121} w_{122}
		A_{13}	w_{13}	A_{131} A_{132} A_{133} A_{134}	w_{131} w_{132} w_{133} w_{134}
A_2	w_2	A_{21} A_{22}	w_{21} w_{22}	······	······
A_3	w_3	A_{31} A_{32} A_{33} A_{34}	w_{31} w_{32} w_{33} w_{34}	······	······

第 2 步：确定评价等级。

确定评价指标体系中最后一级指标的评价等级，不失一般性，设有 n 个评价等级，评价等级表示如下。

$$V = \{v_1, v_2, \cdots, v_n\}$$

称 V 为评语集，v_i（$i = 1, 2, \cdots, n$）为 n 个评价等级。

第 3 步：进行单指标评价，得到单指标评价向量。

根据评价指标体系中最后一级指标对被评对象进行评价，得到被评对象属于评语集 V 中各评价等级 v_i（$i = 1, 2, \cdots, n$）的隶属度（隶属度的确定方法本章第 76 页至第 85 页有介绍）。

表 4 – 20 的评价指标体系中最后一级指标是三级指标，因此，根据每一个三级指标对被评对象进行评价。

被评对象在第 1 个三级指标 A_{111} 上属于第 1 个等级 v_1 的隶属度记为 $r_{111,1}$，属于第 2 个等级 v_2 的隶属度记为 $r_{111,2}$，属于第 3 个等级 v_3 的隶属度记为 $r_{111,3}$，属于第 n 个等级 v_n 的隶属度记为 $r_{111,n}$，被评对象在第 1 个三级指标 A_{111} 上的评价结果用如下

单指标评价向量 r_{111} 表示。

$$r_{111} = (r_{111,1}, r_{111,2}, r_{111,3}, \cdots, r_{111,n})$$

根据第 2 个三级指标 A_{112} 对被评对象进行评价，被评对象在第 2 个三级指标 A_{112} 上的评价结果用如下单指标评价向量 r_{112} 表示。

$$r_{112} = (r_{112,1}, r_{112,2}, r_{112,3}, \cdots, r_{112,n})$$

根据第 3 个三级指标 A_{113} 对被评对象进行评价，被评对象在第 3 个三级指标 A_{113} 上的评价结果用如下单指标评价向量 r_{113} 表示。

$$r_{113} = (r_{113,1}, r_{113,2}, r_{113,3}, \cdots, r_{113,n})$$

根据每一个三级指标对被评对象进行评价，皆可得到该指标的单指标评价向量，这里不再一一列举。

第 4 步：建立评价矩阵，进行模糊合成，得到模糊综合评价向量。

单级模糊综合评价中，只需构建一个评价矩阵，进行一次模糊合成，便可得到评价结果。但在多级模糊综合评价中，根据指标体系的分层情况，用 k 级指标对 k－1 级指标进行评价，逐层构建多个评价矩阵，逐层进行多次模糊合成运算，即需要进行多次单级模糊综合评价才能得到最终的评价结果。下面以表 4－20 的评价指标体系为例加以说明。

① 用三级指标对二级指标进行单级模糊综合评价，得到各二级指标的综合评价向量。

对二级指标 A_{11} 做单级模糊综合评价。将二级指标 A_{11} 看作评价目标，那么 A_{11} 及其所包括的 3 个三级指标 A_{111}、A_{112}、A_{113} 构成了一个单级模糊综合评价模型，用前面介绍的单级模糊综合评价方法可得到二级指标 A_{11} 的综合评价向量，记为 r_{11}，计算过程如下。

A. 构建对二级指标 A_{11} 进行评价的评价矩阵 R_{11}。

二级指标 A_{11} 包括 A_{111}、A_{112}、A_{113} 这 3 个三级指标，将指标 A_{111} 的单指标评价向量 r_{111} 放在第 1 行，指标 A_{112} 的单指标评价向量 r_{112} 放在第 2 行，指标 A_{113} 的单指标评价向量 r_{113} 放在第 3 行，得到对二级指标 A_{11} 进行评价的评价矩阵 R_{11}，结果如下。

$$R_{11} = \begin{pmatrix} r_{111,1} & r_{111,2} & r_{111,3} & \cdots & r_{111,n} \\ r_{112,1} & r_{112,2} & r_{112,3} & \cdots & r_{112,n} \\ r_{113,1} & r_{113,2} & r_{113,3} & \cdots & r_{113,n} \end{pmatrix}$$

B. 构建对二级指标 A_{11} 进行评价的权重向量 W_{11}。

二级指标 A_{11} 包括的 A_{111}、A_{112}、A_{113} 这 3 个三级指标，将这 3 个指标的权重

（权重数据在表 4 – 20 中）放在一行，得到对二级指标 A_{11} 进行评价的权重向量 W_{11}，结果如下。

$$W_{11} = (w_{111}, w_{112}, w_{113})$$

C. 用模糊合成算子"$\odot$"将权重向量 W_{11} 与评价矩阵 R_{11} 进行模糊合成。

选用一种模糊合成算子将权重向量 W_{11} 与评价矩阵 R_{11} 进行模糊合成，得到二级指标 A_{11} 的综合评价向量 r_{11}，结果如下。

$$r_{11} = W_{11} \odot R_{11} = (w_{111}, w_{112}, w_{113}) \odot \begin{pmatrix} r_{111,1} & r_{111,2} & r_{111,3} & \cdots & r_{111,n} \\ r_{112,1} & r_{112,2} & r_{112,3} & \cdots & r_{112,n} \\ r_{113,1} & r_{113,2} & r_{113,3} & \cdots & r_{113,n} \end{pmatrix}$$

$$= (r_{11,1}, r_{11,2}, r_{11,3} \cdots, r_{11,n})$$

用相同的方法，将表 4 – 20 中其他二级指标看作评价目标，做单级模糊综合评价，可得到各二级指标的综合评价向量，结果如下。

二级指标 A_{12} 的综合评价向量 $r_{12} = (r_{12,1}, r_{12,2}, r_{12,3}, \cdots, r_{12,n})$

二级指标 A_{13} 的综合评价向量 $r_{13} = (r_{13,1}, r_{13,2}, r_{13,3}, \cdots, r_{13,n})$

二级指标 A_{21} 的综合评价向量 $r_{21} = (r_{21,1}, r_{21,2}, r_{21,3}, \cdots, r_{21,n})$

二级指标 A_{22} 的综合评价向量 $r_{22} = (r_{22,1}, r_{22,2}, r_{22,3}, \cdots, r_{22,n})$

二级指标 A_{31} 的综合评价向量 $r_{31} = (r_{31,1}, r_{31,2}, r_{31,3}, \cdots, r_{31,n})$

二级指标 A_{32} 的综合评价向量 $r_{32} = (r_{32,1}, r_{32,2}, r_{32,3}, \cdots, r_{32,n})$

二级指标 A_{33} 的综合评价向量 $r_{33} = (r_{33,1}, r_{33,2}, r_{33,3}, \cdots, r_{33,n})$

二级指标 A_{34} 的综合评价向量 $r_{34} = (r_{34,1}, r_{34,2}, r_{34,3}, \cdots, r_{34,n})$

② 用二级指标对一级指标进行单级模糊综合评价，得到各一级指标的综合评价向量。

对一级指标 A_1 做单级模糊综合评价。将一级指标 A_1 看作评价目标，那么 A_1 及其所包括的 3 个二级指标 A_{11}、A_{12}、A_{13} 构成了一个单级模糊综合评价模型，用前面介绍的单级模糊综合评价方法可得到一级指标 A_1 的综合评价向量，记为 r_1，计算过程如下。

A. 构建对一级指标 A_1 进行评价的评价矩阵 R_1。

一级指标 A_1 包括 A_{11}、A_{12}、A_{13} 这 3 个二级指标，将指标 A_{11} 的综合评价向量 r_{11} 放在第 1 行，指标 A_{12} 的综合评价向量 r_{12} 放在第 2 行，指标 A_{13} 的综合评价向量 r_{13} 放在第 3 行，得到对一级指标 A_1 进行评价的评价矩阵 R_1，结果如下。

$$R_1 = \begin{pmatrix} r_{11,1} & r_{11,2} & r_{11,3} & \cdots & r_{11,n} \\ r_{12,1} & r_{12,2} & r_{12,3} & \cdots & r_{12,n} \\ r_{13,1} & r_{13,2} & r_{13,3} & \cdots & r_{13,n} \end{pmatrix}$$

B. 构建对一级指标 A_1 进行评价的权重向量 W_1。

一级指标 A_1 包括 A_{11}、A_{12}、A_{13} 这 3 个二级指标, 将这 3 个指标的权重放在一行, 得到对一级指标 A_1 进行评价的权重向量 W_1, 结果如下。

$$W_1 = (w_{11}, w_{12}, w_{13})$$

C. 用模糊合成算子"$\odot$"将权重向量 W_1 与评价矩阵 R_1 进行模糊合成。

选用一种模糊合成算子将权重向量 W_1 与评价矩阵 R_1 进行模糊合成, 得到一级指标 A_1 的综合评价向量 r_1, 结果如下。

$$r_1 = W_1 \odot R_1 = (w_{11}, w_{12}, w_{13}) \odot \begin{pmatrix} r_{11,1} & r_{11,2} & r_{11,3} & \cdots & r_{11,n} \\ r_{12,1} & r_{12,2} & r_{12,3} & \cdots & r_{12,n} \\ r_{13,1} & r_{13,2} & r_{13,3} & \cdots & r_{13,n} \end{pmatrix}$$

$$= (r_{1,1}, r_{1,2}, r_{1,3} \cdots r_{1,n})$$

用相同的方法, 将表 4-20 中另外 2 个一级指标 A_2、A_3 看作评价对象, 做单级模糊综合评价, 可得到一级指标 A_2、A_3 的综合评价向量, 结果如下。

一级指标 A_2 的综合评价向量 $r_2 = (r_{2,1}, r_{2,2}, r_{2,3}, \cdots, r_{2,n})$

一级指标 A_3 的综合评价向量 $r_3 = (r_{3,1}, r_{3,2}, r_{3,3}, \cdots, r_{3,n})$

③用一级指标对评价对象进行单级模糊综合评价, 得到评价对象的模糊综合评价向量。

对评价对象作单级模糊综合评价。评价对象、3 个一级指标 A_1、A_2、A_3 构成了一个单级模糊综合评价模型, 用前面介绍的单级模糊综合评价方法可得到被评对象的模糊综合评价向量, 记为 r, 计算过程如下。

A. 构建对评价对象进行评价的评价矩阵 R。

将一级指标 A_1 的综合评价向量 r_1 放在第 1 行, 一级指标 A_2 的综合评价向量 r_2 放在第 2 行, 一级指标 A_3 的综合评价向量 r_3 放在第 3 行, 得到对评价对象进行评价的评价矩阵 R, 结果如下。

$$R = \begin{pmatrix} r_{1,1} & r_{1,2} & r_{1,3} & \cdots & r_{1,n} \\ r_{2,1} & r_{2,2} & r_{2,3} & \cdots & r_{2,n} \\ r_{3,1} & r_{3,2} & r_{3,3} & \cdots & r_{3,n} \end{pmatrix}$$

B. 构建对评价对象进行评价的权重向量 W。

将 3 个一级指标 A_1、A_2、A_3 的权重放在一行，得到对评价对象进行评价的权重向量 W，结果如下。

$$W = (w_1, w_2, w_3)$$

C. 用模糊合成算子"$\odot$"将权重向量 W 与评价矩阵 R 进行模糊合成。

选用一种模糊合成算子将权重向量 W 与评价矩阵 R 进行模糊合成，得被评对象的模糊综合评价向量 B，结果如下。

$$B = W \odot R = (w_1, w_2, w_3) \odot \begin{pmatrix} r_{1,1} & r_{1,2} & r_{1,3} & \cdots & r_{1,n} \\ r_{2,1} & r_{2,2} & r_{2,3} & \cdots & r_{2,n} \\ r_{3,1} & r_{3,2} & r_{3,3} & \cdots & r_{3,n} \end{pmatrix} = (b_1, b_2, b_3 \cdots b_n)$$

第 5 步：根据评价对象的模糊综合评价向量 B 对评价对象做出评价。

此步与单级模糊综合评价一样，根据模糊综合评价向量 B 按最大隶属原则或加权原则对被评对象进行评价，此处不再赘述。

（2）多级模糊综合评价举例。

例 4 - 3 用多级模糊综合评价方法对高校课堂教学质量进行评价。

第 1 步：确定评价指标体系及各指标的权重。

高校课堂教学质量评价指标体系、指标的权重如表 4 - 21。

表 4 - 21 高校课堂教学质量评价指标体系、指标权重

评价目标	一级指标	权重	二级指标	权重
课堂教学质量	教学态度	0.25	精神饱满，仪表端庄得体	0.2
			按时上下课，重视课堂秩序管理	0.1
			责任心强，治学严谨，准备充分	0.4
			适时与学生沟通、交流	0.3
	教学内容	0.3	内容充实，信息量大	0.5
			注重教学内容更新	0.3
			教材合适，介绍参考书和文献	0.2
	教学方法	0.3	条理清楚，重点突出，概念准确	0.3
			启发式教学，激发学生学习兴趣	0.3
			口齿清楚，语言生动	0.2
			板书清楚，恰当使用多媒体手段	0.2
	教学效果	0.15	对所讲内容基本掌握	0.4
			收获大，分析问题、解决问题能力提高	0.6

第2步：确定评价等级。

评价等级分5个等级：很好，较好，一般，较差，很差，因此评语集 $V = $｛很好，较好，一般，较差，很差｝。

第3步：进行单指标评价，得到单指标评价向量。

200名学生对某教师课堂教学质量进行了评价，结果如表4-22所示。

表4-22　200名学生对某教师课堂教学质量评价结果

	指标	很好	较好	一般	较差	很差
教学态度	精神饱满，仪表端庄得体	170	18	8	4	0
	按时上下课，重视课堂秩序管理	20	90	70	16	4
	责任心强，治学严谨，准备充分	180	16	4	0	0
	适时与学生沟通、交流	40	140	16	4	0
教学内容	内容充实，信息量大	160	20	8	8	4
	注重教学内容更新	30	140	20	5	5
	教材合适，介绍参考书和文献	130	40	10	14	6
教学方法	条理清楚，重点突出，概念准确	150	30	10	10	0
	启发式教学，激发学生学习兴趣	40	100	30	20	10
	口齿清楚，语言生动	60	90	40	10	0
	板书清楚，恰当使用多媒体手段	130	30	20	20	0
教学效果	对所讲内容基本掌握	120	50	10	10	0
	收获大，分析问题解决问题能力提高	130	40	16	14	0

采用模糊统计法，运用公式（4-2）计算出各二级指标的单指标评价向量，结果如表4-23所示。

表 4 - 23　某教师课堂教学质量单指标评价向量

指标		单指标评价向量
教学态度	精神饱满，仪表端庄得体	(0.85, 0.09, 0.04, 0.02, 0)
	按时上下课，重视课堂秩序管理	(0.1, 0.45, 0.35, 0.08, 0.02)
	责任心强，治学严谨，准备充分	(0.9, 0.08, 0.02, 0, 0,)
	适时与学生沟通、交流	(0.2, 0.7, 0.08, 0.02, 0)
教学内容	内容充实，信息量大	(0.8, 0.1, 0.04, 0.04, 0.02)
	注重教学内容更新	(0.15, 0.7, 0.1, 0.025, 0.025)
	教材合适，介绍参考书和文献	(0.65, 0.2, 0.05, 0.07, 0.03)
教学方法	条理清楚，重点突出，概念准确	(0.75, 0.15, 0.05, 0.05, 0)
	启发式教学，激发学生学习兴趣	(0.2, 0.5, 0.15, 0.1, 0.05)
	口齿清楚，语言生动	(0.3, 0.45, 0.2, 0.05, 0)
	板书清楚，恰当使用多媒体手段	(0.65, 0.15, 0.1, 0.1, 0)
教学效果	对所讲内容基本掌握	(0.6, 0.25, 0.1, 0.05, 0)
	收获大，分析问题解决问题能力提高	(0.65, 0.2, 0.08, 0.07, 0)

第 4 步：建立评价矩阵，进行模糊合成，得到模糊综合评价向量。

① 用二级指标对一级指标进行单级模糊综合评价，得到一级指标的评价向量。

对第 1 个一级指标"教学态度"做单级模糊综合评价。将"教学态度"看作评价目标，则"教学态度"及其所包括的 4 个二级指标构成一个单级模糊综合评价模型，用单级模糊综合评价方法对"教学态度"做评价，可得到模糊综合评价向量，计算过程如下。

A. 建立对一级指标"教学态度"进行评价的评价矩阵 $R_{教学态度}$。

一级指标"教学态度"包括"精神饱满，仪表端庄得体"等 4 个指标，由这 4 个指标的单指标评价向量（见表 4 - 23）可构建对"教学态度"进行评价的评价矩阵 $R_{教学态度}$，结果如下。

$$R_{教学态度} = \begin{pmatrix} 0.85 & 0.09 & 0.04 & 0.02 & 0 \\ 0.1 & 0.45 & 0.35 & 0.08 & 0.02 \\ 0.9 & 0.08 & 0.02 & 0 & 0 \\ 0.2 & 0.7 & 0.08 & 0.02 & 0 \end{pmatrix}$$

B. 构建对一级指标"教学态度"进行评价的权重向量 $W_{教学态度}$。

一级指标"教学态度"包括"精神饱满，仪表端庄得体"等 4 个指标，将这 4 个指标的权重（权重数据在表 4 – 21 中）放在一行，得到对一级指标"教学态度"进行评价的权重向量 $W_{教学态度}$，结果如下。

$$W_{教学态度} = (0.2, 0.1, 0.4, 0.3)$$

C. 用模糊合成算子"⊙"将权重向量 $W_{教学态度}$ 与评价矩阵 $R_{教学态度}$ 进行模糊合成。

这里选用模糊合成算子 M（·，⊕）对 $W_{教学态度}$ 与 $R_{教学态度}$ 进行模糊合成，得"教学态度"的模糊综合评价向量 $r_{教学态度}$，结果如下。

$$r_{教学态度} = W_{教学态度} \odot R_{教学态度}$$

$$= (0.2, 0.1, 0.4, 0.3) \odot \begin{pmatrix} 0.85 & 0.09 & 0.04 & 0.02 & 0 \\ 0.1 & 0.45 & 0.35 & 0.08 & 0.02 \\ 0.9 & 0.08 & 0.02 & 0 & 0 \\ 0.2 & 0.7 & 0.08 & 0.02 & 0 \end{pmatrix}$$

$$= (0.6, 0.305, 0.075, 0.018, 0.002)$$

用相同的方法，对另外 3 个一级指标做单级模糊综合评价，可得到各自的模糊综合评价向量，结果如下。

一级指标"教学内容"的综合评价向量 $r_{教学内容} = (0.575, 0.3, 0.06, 0.0415, 0.0235)$

一级指标"教学方法"的综合评价向量 $r_{教学方法} = (0.475, 0.315, 0.12, 0.075, 0.015)$

一级指标"教学效果"的综合评价向量 $r_{教学效果} = (0.63, 0.22, 0.088, 0.062, 0)$

② 用一级指标对课堂教学质量进行单级模糊综合评价，得到课堂教学质量的模糊综合评价向量。

对"课堂教学质量"做单级模糊综合评价。将"课堂教学质量"看作评价目标，则"课堂教学质量"及其所包括的 4 个一级指标构成一个单级模糊综合评价模型，用单级模糊综合评价方法对"课堂教学质量"做评价，可得到模糊综合评价向量，计算过程如下。

A. 建立对"课堂教学质量"进行评价的评价矩阵 $R_{课堂教学质量}$。

课堂教学质量包括"教学态度""教学内容""教学方法""教学效果"等 4 个

一级指标，由这 4 个指标的综合评价向量（已在前面计算出来）可构建对"课堂教学质量"进行评价的评价矩阵 $R_{课堂教学质量}$，结果如下。

$$R_{课堂教学质量} = \begin{pmatrix} 0.6 & 0.305 & 0.075 & 0.018 & 0.002 \\ 0.575 & 0.3 & 0.06 & 0.0415 & 0.023\,5 \\ 0.475 & 0.315 & 0.12 & 0.075 & 0.015 \\ 0.63 & 0.22 & 0.088 & 0.062 & 0 \end{pmatrix}$$

B. 构建对"课堂教学质量"进行评价的权重向量 $W_{课堂教学质量}$。

课堂教学质量包括"教学态度""教学内容""教学方法""教学效果"等 4 个一级指标，将这 4 个指标的权重（权重数据在表 4 – 21 中）放在一行，得到对"课堂教学质量"进行评价的权重向量 $W_{课堂教学质量}$，结果如下。

$$W_{课堂教学质量} = (0.25, 0.3, 0.3, 0.15)$$

C. 用模糊合成算子"⊙"将权重向量 $W_{课堂教学质量}$ 与评价矩阵 $R_{课堂教学质量}$ 进行模糊合成。

这里选用模糊合成算子 M（·，⊕）对 $W_{课堂教学质量}$ 与 $R_{课堂教学质量}$ 进行模糊合成，得到"课堂教学质量"的模糊综合评价向量 $r_{课堂教学质量}$，结果如下。

$$r_{课堂教学质量} = W_{课堂教学质量} \odot R_{课堂教学质量}$$

$$= (0.25, 0.3, 0.3, 0.15) \odot \begin{pmatrix} 0.6 & 0.305 & 0.075 & 0.018 & 0.002 \\ 0.575 & 0.3 & 0.06 & 0.0415 & 0.0235 \\ 0.475 & 0.315 & 0.12 & 0.075 & 0.015 \\ 0.63 & 0.22 & 0.088 & 0.062 & 0 \end{pmatrix}$$

$$= (0.559\,5, 0.293\,8, 0.086\,0, 0.048\,8, 0.012\,1)$$

第 5 步：根据课堂教学质量的模糊综合评价向量对该教师课堂教学质量做出评价。

该教师课堂教学质量模糊综合评价向量 $r_{课堂教学质量} = (0.559\,5, 0.293\,8, 0.086\,0, 0.048\,8, 0.012\,1)$。

如果按照"最大隶属原则"进行评价，由于属于"很好"的程度为 0.559 5，是最高的，所以可将该教师课堂教学质量评价为"很好"。

如果按照"加权法"进行评价，则先按百分制给评价等级"很好""较好""一般""较差""很差"赋分，比如给各评价等级赋分如下。

评价等级	很好	较好	一般	较差	很差
百分制赋分	90	80	60	50	30

然后以该教师课堂教学质量模糊综合评价向量 $r_{课堂教学质量}$ 中各分量为权重，按公式（4-6）计算该教师课堂教学质量的评分 F，结果如下。

$F = 0.559\ 5 \times 90 + 0.293\ 8 \times 80 + 0.086\ 0 \times 60 + 0.048\ 8 \times 50 + 0.012\ 1 \times 30$
$= 81.82$

因此，该教师课堂教学质量模糊综合评分为 81.82。

三、因子分析综合评价模型

因子分析综合评价模型是运用因子分析方法对评价指标进行因子分析，提取公因子，计算评价对象在公因子上的得分，然后以公因子特征值为权重，以评价对象在公因子上的得分为评价数据，用加权法对评价对象进行评价的一种综合评价方法。

下面通过一个实例来了解如何用因子分析方法进行综合评价。

（一）因子分析综合评价实例

例4-4 表4-24是2009年我国大陆地区31个省、自治区、直辖市（以下简称省区市）7项经济指标数据。X_1：国内生产总值（亿元），X_2：财政收入（亿元），X_3：全社会固定资产投资总额（亿元），X_4：GDP增长率（%），X_5：财政收入增长率（%），X_6：城镇居民人均可支配收入（元），X_7：农村居民人均纯收入（元）。

试根据这些数据对大陆地区31个省区市经济发展水平进行评价。

表4-24 2009年我国大陆地区31个省区市7项经济指标数据

省区市	X_1	X_2	X_3	X_4	X_5	X_6	X_7
北京	12 153.03	2 026.81	46 16.92	10.20	10.31	267 38.48	11 668.59
天津	7 521.85	821.99	4 738.20	16.50	21.67	21 402.01	8 687.56
河北	17 235.48	1 067.12	12 269.80	10.00	12.61	14 718.25	5 149.67
山西	7 358.31	805.83	4 943.16	5.40	7.73	13 996.55	4 244.10
内蒙古	9 740.25	850.86	7 336.79	16.90	30.77	15 849.19	4 937.80

续表

省区市	X_1	X_2	X_3	X_4	X_5	X_6	X_7
辽宁	15 212.49	1 591.22	12 292.49	13.10	17.34	15 761.38	5 958.00
吉林	7 278.75	487.09	6 411.60	13.60	15.21	14 006.27	5 265.91
黑龙江	8 587.00	641.66	5 028.83	11.40	10.96	12 565.98	5 206.76
上海	15 046.45	2 540.30	5 043.75	8.20	7.70	28 837.78	12 482.94
江苏	34 457.30	3 228.78	18 949.87	12.40	18.21	20 551.72	8 003.54
浙江	22 990.35	2 142.51	10 742.32	8.90	10.82	24 610.81	10 007.31
安徽	10 062.82	863.92	8 990.73	12.90	19.22	14 085.74	4 504.32
福建	12 236.53	932.43	6 231.20	12.30	11.88	19 576.83	6 680.18
江西	7 655.18	581.30	6 643.14	13.10	18.96	14 021.54	5 075.01
山东	33 896.65	2 198.63	19 034.53	12.20	12.34	17 811.04	6 118.77
河南	19 480.46	1 126.06	13 704.50	10.90	11.61	14 371.56	4 806.95
湖北	12 961.10	814.87	7 866.89	13.50	14.63	14 367.48	5 035.26
湖南	13 059.69	847.62	7 703.38	13.70	17.28	15 084.31	4 909.04
广东	39 482.56	3 649.81	12 933.12	9.70	10.26	21 574.72	6 906.93
广西	7 759.16	620.99	5 237.24	13.90	19.78	15 451.48	3 980.44
海南	1 654.21	178.24	988.32	11.70	23.05	13 750.85	4 744.36
重庆	6 530.01	655.17	5 214.28	14.90	13.43	15 748.67	4 478.35
四川	14 151.28	1 174.59	11 371.87	14.50	12.76	13 839.40	4 462.05
贵州	3 912.68	416.48	2 412.02	11.40	19.73	12 862.53	3 005.41
云南	6 169.75	698.25	4 526.37	12.10	13.71	14 423.93	3 369.34
西藏	441.36	30.09	378.28	12.40	20.93	13 544.41	3 531.72
陕西	8 169.80	735.27	6 246.90	13.60	24.31	14 128.76	3 437.55
甘肃	3 387.56	286.59	2 363.00	10.30	8.16	11 929.78	2 980.10
青海	1 081.27	87.74	798.23	10.10	22.59	12 691.85	3 346.15
宁夏	1 353.31	111.58	1 075.91	11.90	17.44	14 024.70	4 048.33
新疆	4 277.05	388.78	2 725.45	8.10	7.68	12 257.52	3 883.10

下面用因子分析综合评价法对 31 个省区市经济发展水平进行评价。

1. 对上述 7 项经济指标做因子分析

因子分析时各设置项如下。

公因子提取方法：主成分分析法。

公因子提取数：提取 3 个公因子（按公因子特征值累积贡献率达 85% 以上这个原则确定公因子提取数量）。

载荷矩阵旋转方法：方差极大正交旋转。

公因子得分计算方法：用回归方法计算公因子得分。

因子分析主要结果如图 4 – 11 至图 4 – 14 所示。

KMO and Bartlett's Test

Kaiser–Meyer–Olkin Measure of Sampling Adequacy.		0.641
Bartlett's Test of Sphericity	Approx. Chi–Square	235.886
	df	21
	Sig.	0.000

KMO值

巴特利特球形检验相伴概率

图 4 – 11　KMO 和 Bartlett 球度检验结果

Communalities

	Initial	Extraction
X1	1.000	0.974
X2	1.000	0.943
X3	1.000	0.952
X4	1.000	0.863
X5	1.000	0.834
X6	1.000	0.985
X7	1.000	0.963

各变量共同度

Extraction Method: Principal Component Analysis.

图 4 – 12　变量共同度

Total Variance Explained

Comp onent	Initial Eigenvalues			Extraction Sums of Squared Loadings			Rotation Sums of Squared Loadings		
	Total	% of Variance	Cumulative %	Total	% of Variance	Cumulative %	Total	% of Variance	Cumulative %
1	3.817	54.533	54.533	3.817	54.533	54.533	2.506	35.800	35.800
2	1.570	22.430	76.962	1.570	22.430	76.962	2.295	32.787	68.586
3	1.127	16.094	93.056	1.127	16.094	93.056	1.713	24.470	93.056
4	.324	4.633	97.689						
5	.111	1.591	99.281						
6	.028	.405	99.686						
7	.022	.314	100.000						

旋转后公因子特征值　旋转后公因子特征值贡献率　旋转后公因子特征值累积贡献率

Extraction Method: Principal Component Analysis.

图 4 – 13　因子提取结果

图 4 – 14　公因子得分

2. 因子分析可行性检验

由图 4 – 11 知 KMO 检验统计量 = 0.641，Bartlett 球度检验的相伴概率小于 0.001，由图 4 – 12 可知反映经济发展水平的 7 个评价指标的共同度皆在 0.8 以上，说明公因子对 7 个评价指标变异的解释能力很好，以上 3 项内容皆说明对反映经济发展水平的 7 个评价指标进行因子分析是可行的。

3. 提取公因子，计算公因子得分

图 4 – 13 给出了公因子提取结果，所提 3 个公因子特征值的累积贡献率达 93.056%，也就是说这 3 个公因子已可以解释原 7 个指标 93.056% 的变异。

所提 3 个公因子得分如图 4 - 14 所示, 31 个省区市在 3 个公因子上的得分如表 4 - 25。

表 4 -25 31 个省区市在 3 个公因子上的得分

省区市	公因子 1 的得分	公因子 2 的得分	公因子 3 的得分	省区市	公因子 1 的得分	公因子 2 的得分	公因子 3 的得分
北京	- 0.768 9	2.682 3	- 0.616 8	湖北	0.223 6	- 0.384 8	0.246
天津	- 0.763 3	1.624 5	1.806 1	湖南	0.193	- 0.266 9	0.552 5
河北	0.808 4	- 0.645 8	- 0.717 6	广东	2.159 4	0.634 9	- 0.900 5
山西	- 0.464 6	- 0.745	- 2.375 8	广西	- 0.306 6	- 0.249 1	0.800 5
内蒙古	0.002 6	0.182 2	2.604 4	海南	- 1.203 7	- 0.108 9	0.543 6
辽宁	0.842 1	- 0.097 1	0.496 3	重庆	- 0.323 8	- 0.166 2	0.449 7
吉林	- 0.258 1	- 0.295 1	0.317 3	四川	0.830 6	- 0.692 5	0.315 7
黑龙	- 0.293 1	- 0.535 2	- 0.653 3	贵州	- 0.739 9	- 0.701 2	0.109 4
上海	- 0.638 9	3.038 9	- 1.285	云南	- 0.369 2	- 0.592	- 0.243 1
江苏	2.451 2	0.664 9	0.585 4	西藏	- 1.234	- 0.392 1	0.469 4
浙江	0.493	1.687 2	- 0.892 5	陕西	- 0.111 2	- 0.490 9	1.134 2
安徽	0.226 5	- 0.490 9	0.539 2	甘肃	- 0.729 5	- 1.046 6	- 1.266 7
福建	- 0.254	0.610 3	- 0.186 4	青海	- 1.189 6	- 0.584 4	0.069 1
江西	- 0.220 5	- 0.287 2	0.553	宁夏	- 1.146 4	- 0.322 1	0.046 7
山东	2.413 5	- 0.311 4	- 0.098 5	新疆	- 0.765 2	- 0.889 9	- 1.801 1
河南	1.136 7	- 0.829 8	- 0.601 2				

4. 计算各公因子的权重

由图 4 -13 知从反映经济发展水平的 7 个指标中提取了 3 个公因子, 旋转后 3 个公因子的特征值分别为 2.506、2.295、1.713, 用归一化公式对它们进行归一化处理, 得到 3 个公因子归一化后的权重, 见表 4 -26。

表4-26　经济发展水平公因子权重

公因子编号	特征值	归一化权重
公因子1	2.506	0.384 7
公因子2	2.295	0.352 3
公因子3	1.713	0.263 0

5. 计算各省区市经济发展水平综合评分

按下列公式计算各省区市经济发展水平综合评分：

$$Z = 0.3847 \times F1 + 0.3523 \times F2 + 0.2630 \times F3 \tag{4-7}$$

公式（4-7）中 Z 为经济发展水平综合评分，$F1$、$F2$、$F3$ 分别为公因子1、公因子2、公因子3 的得分，将表4-25 中各省区市3个公因子的得分代入公式（4-7），可计算出31个省区市经济发展水平综合评分，结果见表4-27。

表4-27　31个省区市2009年经济发展水平综合评分

省区市	经济发展水平综合评分	省区市	经济发展水平综合评分	省区市	经济发展水平综合评分
北京	0.487 0	安徽	0.056 0	四川	0.158 6
天津	0.753 7	福建	0.068 3	贵州	-0.502 9
河北	-0.105 3	江西	-0.040 6	云南	-0.414 5
山西	-1.066 0	山东	0.792 9	西藏	-0.489 4
内蒙古	0.750 1	河南	-0.013 2	陕西	0.082 6
辽宁	0.420 3	湖北	0.015 2	甘肃	-0.982 5
吉林	-0.119 8	湖南	0.125 5	青海	-0.645 3
黑龙	-0.473 1	广东	0.817 6	宁夏	-0.542 2
上海	0.486 9	广西	0.004 8	新疆	-1.081 6
江苏	1.331 2	海南	-0.358 5		
浙江	0.549 3	重庆	-0.064 8		

表4-27 中的经济发展水平综合评分便是对各省区市经济发展水平的综合评价结果。

在因子分析综合评价方法中主要运用到因子分析这一多元统计分析方法，下面对因子分析方法进行必要的介绍。

（二）因子分析基本知识 [①]

1. 因子分析基本原理与数学模型

因子分析于 1931 年由 Thurstone 首次提出，其概念起源于 20 世纪初 Karl Pearson 和 Charles Spearmen 等人关于智力测验的统计分析。随着计算机的高速发展特别是统计分析软件的普及，人们将因子分析方法成功地应用于各个领域，其中就包括综合评价领域，使得因子分析的内容更加丰富。

因子分析是将多个实测变量转换为少数几个不相关综合指标的一种多元统计方法，其基本思想是：根据变量间线性相关性大小把变量分组，使同组内变量间线性相关性较高，不同组的变量间线性相关性较低。通过因子分析可将多个变量分为较少的几个组，每个组内的变量间线性相关性较高，它们代表一个基本结构，称为公因子。

公因子是一个综合指标，是多个变量所反映信息的综合。通过因子得分矩阵可建立公因子与原实测指标间的关系式，从而计算出观测对象的公因子得分，公因子得分就是多个实测指标信息的综合。

因子分析的基本原理是以变量间线性相关性为基础，从观测变量间的相关系数矩阵或协方差矩阵入手把观测数据的大部分变异归结为少数几个公共因子所为，将剩余的变异作为特殊因子。

设有 m 个变量：X_1、$X_2 \cdots X_m$，这 m 个变量存在 p 个公因子 f_1、$f_2 \cdots f_p$，每个变量 X_i（$i = 1, 2, \cdots, m$）可由 p 个公因子 f_1、$f_2 \cdots f_p$ 及一个特殊因子 ε_i 的线性组合来表示，如下列公式所示。

$$\begin{cases} X_1 = \mu_1 + L_{11}f_1 + L_{12}f_2 + \cdots + L_{1p}f_p + \varepsilon_1 \\ X_2 = \mu_2 + L_{21}f_1 + L_{22}f_2 + \cdots + L_{2p}f_p + \varepsilon_2 \\ \cdots\cdots\cdots\cdots\cdots\cdots\cdots\cdots\cdots\cdots\cdots\cdots\cdots\cdots\cdots \\ X_m = \mu_m + L_{m1}f_1 + L_{m2}f_2 + \cdots + L_{mp}f_p + \varepsilon_m \end{cases} \quad (4-8)$$

[①] 本节内容源自：何国民. 区域体育事业与经济协调发展评价研究 ［M］. 北京：北京体育大学出版社，2012：95 – 103，并做部分修改。

记：

$$X = \begin{bmatrix} X_1 \\ X_2 \\ \cdots \\ X_m \end{bmatrix}, \quad \mu = \begin{bmatrix} \mu_1 \\ \mu_2 \\ \cdots \\ \mu_m \end{bmatrix}, \quad F = \begin{bmatrix} f_1 \\ f_2 \\ \cdots \\ f_p \end{bmatrix}$$

$$\varepsilon = \begin{bmatrix} \varepsilon_1 \\ \varepsilon_2 \\ \cdots \\ \varepsilon_m \end{bmatrix}, L = \begin{bmatrix} L_{11} & L_{12} & \cdots & L_{1P} \\ L_{21} & L_{22} & \cdots & L_{2P} \\ \cdots & \cdots & \cdots & \cdots \\ L_{m1} & L_{m2} & \cdots & L_{mp} \end{bmatrix}$$

则公式（4-8）可用矩阵形式表示。

$$X = \mu + LF + \varepsilon \tag{4-9}$$

称 L 为因子载荷矩阵，以上就是因子分析的数学模型。

2. 因子分析的基本步骤

围绕浓缩原有变量，提取公因子的核心目标，因子分析主要有以下5个步骤。

第1步：进行因子分析可行性检验。

因子分析的目的是从众多变量中综合出少数几个具有代表性的公因子，即将原有变量中信息重叠部分综合为公因子，这必定有一个潜在的前提条件，就是原有变量之间应具有较强的线性相关关系。如果原有变量间不存在较强的线性相关关系，那么就无法从中综合出能够反映某些变量共同特性的公因子，因此，在进行因子分析时首先要对因子分析的前提条件进行判断，即对原有变量间的线性相关性进行判断。

因子分析中通常用以下3种方法对因子分析的前提条件是否得到满足进行判断。

（1）KMO（Kaiser - Meyer - Olkin）检验。

KMO 检验统计量是用于比较变量间简单相关系数和偏相关系数的统计量，计算公式如下。

$$KMO = \frac{\sum_{i=1}^{m} \sum_{j=1, j \neq i}^{m} r_{ij}^2}{\sum_{i=1}^{m} \sum_{j=1, j \neq i}^{m} r_{ij}^2 + \sum_{i=1}^{m} \sum_{j=1, j \neq i}^{m} p_{ij}^2} \tag{4-10}$$

其中，r_{ij} 是变量 X_i 和变量 $X_j (i \neq j)$ 间的简单相关系数，p_{ij} 是变量 X_i 和变量 $X_j (i \neq j)$ 间的偏相关系数。

由公式（4-10）可知，KMO 统计量的值在 0~1 之间，当所有变量间的简单相关系数平方和远远大于偏相关系数平方和时，KMO 的值接近 1。KMO 的值越接近 1，说明原变量间线性相关性越强，原变量适合做因子分析；反之，KMO 的值越接近 0，说明原变量间线性相关性越弱，原变量不适合做因子分析。Kairser（1974）指出做因子分析的 KMO 大小判断准则如表 4-28 所示。

表 4-28　KMO 统计量判断准则

KMO 统计量	因子分析适合性
0.90 以上	极佳的
0.80 以上	良好的
0.70 以上	中度的
0.60 以上	平庸的
0.50 以上	可悲的
0.50 以下	无法接受的

注：本表源自《量化研究与统计分析》第 328 页，
邱皓政，重庆大学出版社，2009.

（2）巴特利特球形检验（Bartleet test of sphericity）。

巴特利特球形检验的原假设是：变量间相关系数矩阵是单位矩阵[①]。

根据相关系数矩阵行列式计算巴特利特球形检验统计量的值，该统计量服从卡方分布。如果所计算出的统计量值比较大且对应的相伴概率小于给定的显著水平 a，则拒接原假设，认为变量间的相关系数矩阵不是单位矩阵，原有变量适合做因子分析，如果所计算出的统计量值比较小，对应的相伴概率大于给定的显著水平 a，则不能拒接原假设，认为变量间的相关系数矩阵与单位矩阵无显著差异，原有变量不适合做因子分析。

（3）检查变量共同度（communality）。

变量共同度是指观测变量的变异能被公因子解释的部分，其大小反映了公因子对观测变量变异的解释能力，用 h^2 表示。相反，观测变量变异不能被公因子解释的部分称为特殊度，用 u^2 表示。公因子对原变量的解释能力越强，变量共同度越大，特殊度越

---

① 单位矩阵是指矩阵中对角线元素全为 1，其他元素全为 0 的矩阵，如 $\begin{pmatrix} 1 & 0 & 0 \\ 0 & 1 & 0 \\ 0 & 0 & 1 \end{pmatrix}$ 就是单位矩阵。

小。观测变量的变异一般用其取值的方差 σ^2 表示,观测变量的方差、共同度、特殊度关系如下。

$$\sigma^2 = h^2 + u^2$$

因子分析中一般是将观测变量的取值进行标准化后再进行分析,此时观测变量的平均值为0,方差为1,因此共同度 h^2、特殊度 u^2 均为介于0与1之间的数,两者之和为1,变量共同度越接近1,越适合做因子分析。

第2步:确定公因子提取方法及提取个数。

从一组观测变量中提取公因子的方法有很多种,最基本的方法是主成分分析法,其原理是利用变量的线性相关性组合将观测变量简化为几个主成分,其他方法还有:主轴因子法、极大似然法、最小二乘法、α 因子提取法、映象分析法等。

从提取公因子方法的原理来看,主成分分析法是从观测变量中以数学方式找寻较少且相互独立的成分以便简化解释复杂的测量数据;其他因子提取方法的目的是寻求数字背后隐含的意义与潜在的结构。如果研究的目的仅在于获得公因子得分,将公因子得分用于后续研究,采用主成分分析法提取公因子即可有效达到目的,但若是要探讨抽象概念的原理性意义,建立假设性架构,则应采用其他公因子提取方法。[1]

公因子提取数目一般用以下3种方法确定。

方法一:根据具体问题的专业理论或其他研究手段确定提取的因子数。

方法二:根据公因子特征值大小确定提取公因子数目。Kairser(1960,1970)提出以公因子的特征值大于1为标准确定公因子提取数,也就是提取所有特征值大于1的公因子。

方法三:根据公因子特征值累积贡献率确定提取公因子的数目。设 p 个公因子 f_1、$f_2 \cdots f_p$ 的特征值分别为 λ_1、$\lambda_2 \cdots \lambda_p$(其中 $\lambda_1 > \lambda_2 > \lambda_3 > \cdots > \lambda_p$),则前 k 个公因子特征值累计贡献率按下式计算。

$$\alpha_k = \frac{\sum_{i=1}^{k} \lambda_i}{\sum_{i=1}^{p} \lambda_i} \qquad (4-11)$$

根据公式(4-11)计算公因子特征值累积贡献率,因子分析用于综合评价时,为尽量少损失原有变量信息,通常选取特征值累计贡献率大于0.85时包含的特征值个数为公因子提取个数。

---

① 邱皓政. 量化研究与统计分析[M]. 重庆:重庆大学出版社,2009:331.

第 3 步：求载荷矩阵及公因子特征值。

因子分析的关键是求载荷矩阵，载荷矩阵的求法与公因子提取方法有关。主成分分析法提取公因子时载荷矩阵求法如下。

（1）计算原变量的简单相关系数矩阵 R。

（2）求相关系数矩阵 R 的特征根 $\lambda_1 \geqslant \lambda_2 \geqslant \cdots \geqslant \lambda_p \geqslant 0$ 及其对应的单位特征向量 u_1，u_2，u_3，$\cdots$，u_p，其中

$$u_i = \begin{bmatrix} u_{i1} \\ u_{i2} \\ \cdots \\ u_{ip} \end{bmatrix}$$

（3）根据确定的提取公因子个数 k，选取前 k 个因子的特征根及其对应的特征向量，得如下包含 k 个公因子的载荷矩阵。

$$L = \begin{bmatrix} L_{11} & L_{12} & \cdots & L_{1k} \\ L_{21} & L_{22} & \cdots & L_{2P} \\ \cdots & \cdots & \cdots & \cdots \\ L_{m1} & L_{m2} & \cdots & L_{mk} \end{bmatrix} = \begin{bmatrix} u_{11}\sqrt{\lambda_1} & u_{12}\sqrt{\lambda_2} & \cdots & u_{1k}\sqrt{\lambda_k} \\ u_{21}\sqrt{\lambda_1} & u_{22}\sqrt{\lambda_2} & \cdots & u_{2k}\sqrt{\lambda_k} \\ \cdots & \cdots & \cdots & \cdots \\ u_{m1}\sqrt{\lambda_1} & u_{m2}\sqrt{\lambda_2} & \cdots & u_{mk}\sqrt{\lambda_k} \end{bmatrix}$$

由载荷矩阵可计算出所提取公因子的特征值，特征值的大小代表公因子对原所有变量总变异影响程度的大小。第 j 个公因子的特征值等于载荷矩阵 L 中第 j 列元素的平方和，第 j 个公因子 f_j 的特征值 η_j 按下式计算。

$$\eta_j = L_{1j}^2 + L_{2j}^2 + \cdots + L_{mj}^2 \qquad (j=1,2,\cdots,k)$$

第 4 步：因子旋转。

因子载荷矩阵 L 中的元素 L_{ij} 就是第 i 个变量与第 j 个公因子的相关系数。由因子分析的数学模型［见公式（4-8）］知，变量 X_i 是公因子 f_1、$f_2 \cdots f_p$ 及特殊因子 ε_i 的线性组合，系数 L_{i1}、$L_{i2} \cdots L_{ip}$ 用于度量变量 X_i 可用公因子 f_1、$f_2 \cdots f_p$ 线性表示的程度，其大小表示变量 X_i 依赖于公因子 f_1、$f_2 \cdots f_p$ 的程度，称 L_{ij} 是第 i 个变量在第 j 个公因子上的载荷，它反映了第 i 个变量在第 j 个公因子上的相对重要性，L_{ij} 越大，表示变量 X_i 对公因子 f_j 越重要。

因子分析的目的之一是要对所提取的公因子进行解释，看各公因子反映的是哪些指标的特性。进行解释的依据是各变量在公因子上载荷 L_{ij} 的大小，我们希望某些指标（比如指标 X_1、X_2、X_3、X_4）在某个公因子（比如公因子 f_1）上的载荷大，而

在其他公因子上的载荷很小,这就表明公因子 f_1 主要反映指标 X_1、X_2、X_3、X_4 的特性,但进行因子分析时,在得到的因子分析初始模型中,其对应的载荷矩阵往往不具有这种特性,这时就需要对初始因子分析模型所对应的载荷矩阵进行必要的旋转。

对载荷矩阵进行旋转的依据是因子分析的数学模型不是唯一的。因子分析数学模型的矩阵形式〔见公式(4-9)〕如下。

$$X = \mu + LF + \varepsilon \qquad (4-12)$$

设 B 是一个正交矩阵 ①,即 $BB^T = E$,E 为单位矩阵,则

$$L = LE = L\,BB^T$$

将 $L = L\,BB^T$ 代入公式(4-12)得:

$$X = \mu + (LB)(B^TF) + \varepsilon \qquad (4-13)$$

公式(4-12)与公式(4-13)是互为等价的因子分析模型。

在公式(4-13)中的载荷矩阵为 $D = LB$,公因子为 $F' = B^TF$,于是如果求出的因子分析初始模型 $X = \mu + LF + \varepsilon$ 中载荷矩阵 L 不便于分析公因子的构成,就可以做一个正交变换 B,得到与初始模型等价的模型:$X = \mu + (LB)(B^TF) + \varepsilon$,在这个新模型中,载荷矩阵 $D = LB$ 中的元素 D_{ij} 取值会"两极分化",也就是某些指标在某个公因子上的载荷大,而在其他公因子上的载荷很小,从而达到分析公因子构成的目的。

进行因子旋转的主要方法有:方差最大正交旋转、平均正交旋转、四次方正交旋转、斜交旋转,以上各种旋转方法中,以方差最大正交旋转最为常用。

第 5 步:求出公因子得分。

在因子分析模型中,已将原变量分解为公共因子 f_i($i = 1, 2, \cdots, p$)与特殊因子 ε_i 的线性组合,反过来,也可以把每个公因子 f_i($i = 1, 2, \cdots, p$)表示成原有变量 X_i($i = 1, 2, \cdots, m$)的线性组合,结果如下:

$$\begin{cases} f_1 = b_{11}X_1 + b_{12}X_2 + \cdots + b_{1m}X_m \\ f_2 = b_{21}X_1 + b_{22}X_2 + \cdots + b_{2m}X_m \\ \cdots\cdots\cdots\cdots\cdots\cdots\cdots\cdots\cdots\cdots\cdots \\ f_p = b_{p1}X_1 + b_{p2}X_2 + \cdots + b_{pm}X_m \end{cases} \qquad (4-14)$$

---

① B 为正交矩阵就是指矩阵 B 与其转置矩阵 B^T 相乘等于单位矩阵 E,即 $BB^T = E$。

记：

$$B = \begin{bmatrix} b_{11} & b_{12} & \cdots & b_{1m} \\ b_{21} & b_{22} & \cdots & L_{2m} \\ \cdots & \cdots & \cdots & \cdots \\ b_{p1} & b_{p2} & \cdots & b_{pm} \end{bmatrix}$$

则称 B 为因子得分系数矩阵。

将观测对象的观测值按下述公式进行标准化。

$$Z_i = \frac{x_i - \bar{x}}{s}$$

上式中 $\bar{x}$、s 分别为指标 X 的样本平均值和样本标准差。

将各变量 X_i（$i = 1$，2，$\cdots$，m）标准化后的值代入公式（4 – 14）可以计算每个观测对象在各公因子上的得分，称为公因子得分，形成的变量叫因子变量。

求出各观测对象的公因子得分后，就可以用因子变量代替原变量进行数据建模，如用因子变量对样本进行分类或评价等研究，进而实现降维和简化问题的目的。

（三）基于因子分析的综合评价方法

对评价对象进行综合评价就是根据评价对象在多个指标上的取值计算出该对象的综合评价值，这是一个由多维（即多个评价指标）到一维（即综合评价值）的转换过程，我们当然希望，在这个转换过程中，所得到的一维结果尽可能多（最好为100%）地反映原先多维数据的信息，尽可能最大程度地保留事物的原状，用统计学的语言可以陈述如下。

设 X_1，X_2，$\cdots$，X_m 为对评价对象进行综合评价的 m 个评价指标，对 n 个评价对象的 m 个评价指标进行观测，其观测结果用如下矩阵 X 表示。

$$X = \begin{bmatrix} X_{11} & X_{12} & \cdots & X_{1m} \\ X_{21} & X_{22} & \cdots & X_{2m} \\ \cdots & \cdots & \cdots & \cdots \\ X_{n1} & X_{n2} & \cdots & X_{nm} \end{bmatrix}$$

对评价对象进行综合评价的统计问题是：已知矩阵 X，能否找到一个由 m 个评价指标 X_1，X_2，$\cdots$，X_m 构成的如下线性函数

$$y = a_1 X_1 + a_2 X_2 + \cdots + a_m X_m$$

该线性函数能全面反映评价对象在评价指标 X_1，X_2，$\cdots$，X_m 上取值的变化状况，也就是说，n 个评价对象在 m 个评价指标 X_1，X_2，$\cdots$，X_m 上取值的差异，能用该函数的取值大小来表示，如果存在这么一个线性函数，则该函数就包含了 m 个评价指标的精髓，可以以该函数的取值来对 n 个评价对象进行评价。

以上问题用因子分析方法可以得到很好的解决，其基本思想就是：对 m 个评价指标进行因子分析，以公因子特征值累积贡献率达到85%以上为标准确定所需提取的公因子数，得到少数几个不相关的公因子，以公因子特征值为依据确定各公因子的权重，以公因子得分为评价数据对评价对象综合水平进行评定。

1. 基于因子分析的综合评价方法步骤

基于因子分析的综合评价方法步骤如下。

第1步：确定评价指标体系，收集被评对象评价指标的数据。

基于因子分析的综合评价是通过对评价指标进行因子分析，提取少数几个不相关的公因子，计算公因子得分，用公因子得分对评价对象进行评价的一种综合评价方法。因此用因子分析方法做综合评价时，对评价指标体系中的指标、被评对象数量有以下基本要求。

（1）指标体系中最后一级指标要求是定量指标。

（2）不需要确定指标的权重。

（3）被评对象数量不能太少。

设指标体系中最后一级有 m 个指标，记为 X_1，X_2，$\cdots$，X_m。

第2步：对评价指标观测值进行预处理。

评价指标中如果有负向指标（指标值越小评价越好的指标）、适度指标（指标值越接近某个值越好的指标），应将这些指标转化为正向指标。

第3步：对指标体系中最后一级 m 个评价指标进行因子分析。

（1）因子分析的设置。

由于我们对评价指标进行因子分析的目的是想得到这 m 个评价指标的综合信息，因此因子分析时按如下方式设置各选项。

公因子提取方法：采用主成分分析法。

公因子提取数：按公因子特征值累积贡献率达85%以上这个原则确定所需提取公因子数量。

载荷矩阵旋转方法：方差最大正交旋转。

公因子得分计算方法：用回归方法计算公因子得分。

（2）对因子分析输出结果进行分析。

① 对评价指标是否适合做因子分析进行检验。

用 KMO 检验、巴特利特球形检验（Bartleet test of sphericity）、变量共同度等 3 种方法对 X_1，X_2，…，X_m 这 m 个评价指标可否进行因子分析进行检验。

② 确定公因子特征值、评价对象公因子得分。

如经检验认为可以进行因子分析，则从因子分析结果中找出方差最大正交旋转后的公因子特征值、评价对象的公因子得分。

假设因子分析结果提取了 k 个公因子（$k < m$），这 k 个公因子方差最大正交旋转后的特征值记为 T_1，T_2，…，T_k，评价对象在这 k 个公因子上的得分用变量 F_1，F_2，…，F_k 表示。

第4步：对旋转后公因子特征值进行归一化处理，得各公因子的权重。

将 k 个公因子的特征值 T_1，T_2，…，T_k 代入下式进行归一化处理，得各公因子的权重。

$$W_i = \frac{T_i}{\sum_{i=1}^{k} T_i} \quad (i = 1, 2, \cdots k) \tag{4-15}$$

公式（4-15）中，W_i（$i = 1, 2, \cdots, k$）为公因子 F_i（$i = 1, 2, \cdots, k$）的权重。

第5步：计算评价对象的综合评分。

根据公因子的权重、评价对象在公因子上的得分，按下列公式计算评价对象的综合评分。

$$Z = W_1 \times F_1 + W_2 \times F_2 + \cdots + W_k \times F_k \tag{4-16}$$

在公式（4-16）中，Z 为评价对象的综合评分，W_i（$i = 1, 2, \cdots k$）为第 i 个公因子的权重，F_i（$i = 1, 2, \cdots k$）为评价对象在第 i 个公因子上的得分。

2. 基于因子分析的综合评价举例

例4-5 用基于因子分析的综合评价方法对高校办学绩效进行评价 ①。

第1步：高校办学绩效评价指标的选择与数据来源。

在参考相关文献研究成果基础上，结合我国高等教育发展的实际情况，并考虑数据获取的可能性和科学性，构建了由 4 个一级指标、18 个二级指标组成的我国高

---

① 摘自：姜彤彤，武德昆. 基于因子分析的高校绩效评价方法及实证研究 [J]. 黑龙江高教研究，2011 (3)：39-42，并做部分修改。

校办学绩效评价指标体系，如表 4-29 所示。

表 4-29　高校办学绩效评价指标体系

一级指标	二级指标	指标代码
教学绩效	生师比	X1
	专任教师中具有博士学位的教师比重	X2
	生均教学科研仪器设备金额	X3
	毕业生就业率	X4
科研绩效	教师人均科研经费（包括科研事业收入和科研经费拨款）	X5
	教师人均研究与发展课题数	X6
	教师人均国内国外学术期刊及国际学术会议发表论文数	X7
	教师人均教学科研奖励数	X8
	教师人均出版专著数	X9
	教师人均知识产权申请数	X10
实力绩效	生均固定资产总值	X11
	生均图书馆藏书量	X12
	生均实验室（实习场所）面积	X13
	生均专用校舍面积	X14
财务绩效	自筹经费占总收入比重	X15
	生均事业支出总额	X16
	年度总支出与总收入之比	X17
	生均获取教育经费额	X18

表 4-29 中的评价指标体系评价的是高校办学绩效而非绝对实力，所以以相对的生均、教师人均指标为主而非绝对量指标。需要说明的是，所有的生均指标都是按照当量学生数计算的，当量学生数 = 本专科学生数 + 硕士生×1.5 + 博士生×2 + 外国留学生数 ×3 + 成人高等教育学生数×0.2，其中学生数指在校学生数；教师人均指标都是按照专任教师数计算的。指标 X1 生师比 = 当量学生数/专任教师数；指标 X6 中的研究与发展课题数包括人文、社会科学课题数和自然科学项目数；指标 X7 中发表论文数是国内外公开发行学术刊物和港澳台地区刊物发表论文数。计算方法上，指标 X4 是按照获取的原始区间数据的上下限均值计算的；指标 X6 到 X9 是根据自然科学和社会科学领域的数字汇总计算的。

所有数据均来源于《中国教育经费统计年鉴 2008》和《教育部直属高校 2008 年基本情况统计资料汇编》，样本选择的是教育部直属 72 所高校及其分校，因为直属高校中有 3 个学校设有独立的分校，因此，共有 75 所高校的样本数据。

第 2 步：对评价指标进行预处理。

18 个评价指标中，指标 X1 生师比是负向指标，X17 年度总支出与总收入之比是越接近 1 越好的适度指标，对这 2 个指标进行正向化处理。

第 3 步：对 18 个高校办学绩效指标进行因子分析。

（1）对评价指标是否适合做因子分析进行检验①。

用 SPSS 软件对经过正向化处理的数据做因子分析，因子分析结果显示：KMO 值为 0.731，大于通用的 0.7 的标准；巴特利特球形检验（Bartleet test of sphericity）中 sig = 0.000，说明该因子分析模型具有较好的效果。

（2）公因子特征值、评价对象公因子得分。

对 18 个评价指标进行因子分析，所提公因子特征值如表 4-30 所示，部分高校公因子得分如表 4-31 所示。

表 4-30 公因子提取结果

因子	所提公因子初始特征值			旋转后公因子特征值		
	特征值	方差贡献率	累计方差贡献率	特征值	方差贡献率	累计方差贡献率
1	6.018 3	33.435 0	33.435 0	4.247 7	23.598 6	23.598 6
2	2.821 6	15.675 8	49.110 8	3.277 0	18.205 4	41.804 0
3	1.869 3	10.384 9	59.495 8	2.581 8	14.343 5	56.147 5
4	1.441 2	8.006 9	67.502 7	1.455 4	8.085 6	64.233 1
5	1.181 5	6.563 7	74.066 4	1.441 7	8.009 2	72.242 3
6	1.068 5	5.936 1	80.002 5	1.396 8	7.760 2	80.002 5

表 4-31 部分高校公因子得分

高校名称	公因子 1	公因子 2	公因子 3	公因子 4	公因子 5	公因子 6
北京大学	1.371 94	1.864 86	-0.059 22	-0.181 9	-0.161 47	0.629 57
中国人民大学	0.976 59	0.176 69	-1.374 07	0.799 55	0.827 8	2.288 68
清华大学	2.925 91	1.944 32	3.231 66	0.803 15	-1.174 97	0.503 83
中国农业大学	1.623 28	-0.199 26	-0.400 09	-0.646 46	0.153 63	0.282 55

① 原文中只给出了 KMO 值、巴特利特球形检验结果，未给出 18 个评价指标的变量共同度。

高校名称	公因子1	公因子2	公因子3	公因子4	公因子5	公因子6
北京师范大学	1.644 98	0.826 2	-1.764 91	-0.811 33	0.756 58	1.158 91
北京外国语大学	-1.263 69	1.800 74	-0.486 3	1.543 17	0.422 57	0.369 03
中央音乐学院	-2.017 94	4.826 59	-0.022 14	0.101 26	0.264 58	0.100 5
中央美术学院	-2.413 89	-0.109 68	3.403 4	-0.530 87	0.479 51	5.574 1
中国石油大学（京）	1.086 48	-0.881 56	0.035 87	1.753 71	0.412 89	0.054 5
南开大学	1.548 4	0.446 54	-0.983 55	-0.357 97	-0.001 03	0.526 45
天津大学	0.808 31	0.347 36	0.038 01	0.532 67	0.518 97	-0.881 13
复旦大学	2.016 42	0.620 81	0.522 45	0.013 46	0.099 41	1.225 12
同济大学	0.074 96	0.399 34	1.041 55	0.623 53	0.358 65	-0.353 82
上海交通大学	1.325 4	0.689 86	1.827 43	0.727 09	1.288 3	-0.483 93
华东师范大学	0.982 81	0.762 41	-0.153 54	-0.092 19	-0.386 12	1.589 71
南京大学	0.882 89	1.216 1	-0.651 22	-1.672 1	0.832 95	-0.201 18
东南大学	0.247 67	0.341 53	0.883 55	0.004 98	0.960 97	-1.673 99
浙江大学	2.730 62	0.733 45	1.831 85	-0.093 78	-0.074 51	-0.379 08
厦门大学	0.301 03	0.232 78	-0.169 68	0.088 92	0.283 33	0.184 12
华南理工大学	0.609 72	-0.160 65	1.233 54	0.341 84	-0.657 83	0.203 66

第4步：对旋转后公因子特征值进行归一化处理，得到各公因子的权重。

由表4-30知所提取6个公因子旋转后的特征值分别为4.247 7、3.277 0、2.581 8、1.455 4、1.441 7、1.396 8，用归一化公式（4-15）对它们进行归一化处理，得到6个公因子归一化后的权重，见表4-32。

表4-32 高校办学绩效公因子权重

公因子编号	特征值	归一化权重
公因子1	4.247 7	0.295 0
公因子2	3.277 0	0.227 6
公因子3	2.581 8	0.179 3
公因子4	1.455 4	0.101 1
公因子5	1.441 7	0.100 1
公因子6	1.396 8	0.097 0

第 5 步：计算各高校办学绩效综合评分。

将表 4–32 中 6 个公因子的归一化权重代入公式（4–16）得计算各高校办学绩效综合评分公式如下。

$$Z = 0.2950 \times F_1 + 0.2276 \times F_2 + 0.1793 \times F_3 + + 0.1011 F_4 + 0.1001 F_5 + 0.0970 \times F_6$$

将表 4–31 中高校公因子得分代入上述公式，可计算出这些高校办学绩效综合评分，结果如表 4–33 所示。

表 4–33　部分高校办学绩效综合评分

高校名称	办学绩效综合评分	高校名称	办学绩效综合评分	高校名称	办学绩效综合评分
北京大学	0.845 1	中央音乐学院	0.545 7	华东师范大学	0.542 2
中国人民大学	0.467 6	中央美术学院	0.408 2	南京大学	0.315 3
清华大学	1.897 6	南开大学	0.396 8	东南大学	0.243 5
中国农业大学	0.339 2	天津大学	0.344 7	浙江大学	1.247 2
北京师范大学	0.463 0	复旦大学	0.960 0	厦门大学	0.166 6
北京外国语大学	0.184 0	同济大学	0.364 4	华南理工大学	0.352 9
中国石油大学（京）	0.350 2	上海交通大学	1.031 2		

四、数据包络分析综合评价模型

数据包络分析综合评价模型是依据评价对象的一组投入数据和产出数据，运用线性规划理论与方法对评价对象的相对有效性进行评价的一种综合评价方法，基本原理如图 4–15 所示。

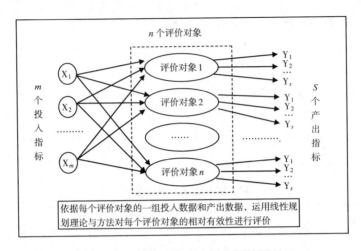

图 4 –15　数据包络分析综合评价原理

下面通过一个实例来初步了解如何用数据包络分析方法（Data envelopment analysis，DEA）做综合评价。

（一）基于数据包络分析的综合评价实例 ①

例 4 –6　用数据包络分析综合评价方法对北京、天津、上海、重庆四个直辖市 2000 年度相对生产水平进行评价，评价对象的输入、输出指标如下。

3 项输入：X_1 代表固定资产净值年平均余额（亿元），X_2 代表流动资金年平均余额（亿元），X_3 代表从业人员（万人）。

2 项输出：Y_1 代表总产值（亿元），Y_2 代表财政收入（亿元）。

样本数据见表 4 –34。

表 4 –34　北京、天津、上海、重庆 4 个直辖市 3 项输入 2 项输出数据

直辖市	输入指标			输出指标	
	X_1	X_2	X_3	Y_1	Y_2
北京	1 280. 46	0. 66	622. 1	2 478. 76	345
天津	610. 94	0. 35	406. 7	1 639. 36	133. 61
上海	1 869. 38	15	673. 1	4 551. 15	485. 38
重庆	572. 59	0. 32	1 636. 5	1 589. 34	87. 24

---

①　本部分内容摘自：梁敏，边馥萍. 生产水平的相对有效性分析［J］. 数量经济技术经济研究，2003（9）：91 –94. 并做部分修改。

利用含非阿基米德无穷小 ε 的 CCR 数据包络分析模型，根据表 4 - 34 的输入、输出数据，对北京、天津、上海、重庆分别建立相应的线性规划模型，结果如图4 - 16 至图 4 - 19 所示。

$$\begin{cases} \min\left[\theta - \varepsilon(s_1^- + s_2^- + s_3^- + s_1^+ + s_2^+)\right] \\ \quad 1\,280.46\lambda_1 + 610.94\lambda_2 + 1\,869.38\lambda_3 + 572.59\lambda_4 + s_1^- = 1\,280.46\theta \\ \quad 0.66\lambda_1 + 0.35\lambda_2 + 15\lambda_3 + 0.32\lambda_4 + s_2^- = 0.66\theta \\ s.t.\ 622.1\lambda_1 + 406.7\lambda_2 + 673.1\lambda_3 + 1\,636.5\lambda_4 + s_3^- = 622.1\theta \\ \quad 2\,478.76\lambda_1 + 1\,639.36\lambda_2 + 4\,551.15\lambda_3 + 1\,589.34\lambda_4 - s_1^+ = 2\,478.76 \\ \quad 345\lambda_1 + 133.61\lambda_2 + 485.38\lambda_3 + 87.24\lambda_4 - s_2^+ = 345 \\ \lambda_j \geqslant 0, j = 1,2,3,4 \\ s_i^- \geqslant 0, i = 1,2,3 \\ s_r^+ \geqslant 0, r = 1,2 \end{cases}$$

图 4 - 16　北京含非阿基米德无穷小 ε 的 DEA 模型

$$\begin{cases} \min\left[\theta - \varepsilon(s_1^- + s_2^- + s_3^- + s_1^+ + s_2^+)\right] \\ \quad 1\,280.46\lambda_1 + 610.94\lambda_2 + 1\,869.38\lambda_3 + 572.59\lambda_4 + s_1^- = 610.94\theta \\ \quad 0.66\lambda_1 + 0.35\lambda_2 + 15\lambda_3 + 0.32\lambda_4 + s_2^- = 0.35\theta \\ s.t.\ 622.1\lambda_1 + 406.7\lambda_2 + 673.1\lambda_3 + 1\,636.5\lambda_4 + s_3^- = 406.7\theta \\ \quad 2\,478.76\lambda_1 + 1\,639.36\lambda_2 + 4\,551.15\lambda_3 + 1\,589.34\lambda_4 - s_1^+ = 1\,639.36 \\ \quad 345\lambda_1 + 133.61\lambda_2 + 485.38\lambda_3 + 87.24\lambda_4 - s_2^+ = 133.61 \\ \lambda_j \geqslant 0, j = 1,2,3,4 \\ s_i^- \geqslant 0, i = 1,2,3 \\ s_r^+ \geqslant 0, r = 1,2 \end{cases}$$

图 4 - 17　天津含非阿基米德无穷小 ε 的 DEA 模型

$$\begin{cases} \min[\theta - \varepsilon(s_1^- + s_2^- + s_3^- + s_1^+ + s_2^+)] \\ \quad 1\,280.\,46\lambda_1 + 610.\,94\lambda_2 + 1\,869.\,38\lambda_3 + 572.\,59\lambda_4 + s_1^- = 1\,869.\,38\theta \\ \quad 0.\,66\lambda_1 + 0.\,35\lambda_2 + 15\lambda_3 + 0.\,32\lambda_4 + s_2^- = 15\theta \\ s.\,t.\,622.\,1\lambda_1 + 406.\,7\lambda_2 + 673.\,1\lambda_3 + 1\,636.\,5\lambda_4 + s_3^- = 673.\,1\theta \\ \quad 2\,478.\,76\lambda_1 + 1\,639.\,36\lambda_2 + 4\,551.\,15\lambda_3 + 1\,589.\,34\lambda_4 - s_1^+ = 4\,551.\,15 \\ \quad 345\lambda_1 + 133.\,61\lambda_2 + 485.\,38\lambda_3 + 87.\,24\lambda_4 - s_2^+ = 485.\,38 \\ \lambda_j \geqslant 0, j = 1,2,3,4 \\ s_i^- \geqslant 0, i = 1,2,3 \\ s_r^+ \geqslant 0, r = 1,2 \end{cases}$$

图 4 - 18　上海含非阿基米德无穷小 ε 的 DEA 模型

$$\begin{cases} \min[\theta - \varepsilon(s_1^- + s_2^- + s_3^- + s_1^+ + s_2^+)] \\ \quad 1\,280.\,46\lambda_1 + 610.\,94\lambda_2 + 1\,869.\,38\lambda_3 + 572.\,59\lambda_4 + s_1^- = 572.\,59\theta \\ \quad 0.\,66\lambda_1 + 0.\,35\lambda_2 + 15\lambda_3 + 0.\,32\lambda_4 + s_2^- = 0.\,32\theta \\ s.\,t.\,622.\,1\lambda_1 + 406.\,7\lambda_2 + 673.\,1\lambda_3 + 1\,636.\,5\lambda_4 + s_3^- = 1\,636.\,5\theta \\ \quad 2\,478.\,76\lambda_1 + 1\,639.\,36\lambda_2 + 4\,551.\,15\lambda_3 + 1\,589.\,34\lambda_4 - s_1^+ = 1\,589.\,34 \\ \quad 345\lambda_1 + 133.\,61\lambda_2 + 485.\,38\lambda_3 + 87.\,24\lambda_4 - s_2^+ = 87.\,24 \\ \lambda_j \geqslant 0, j = 1,2,3,4 \\ s_i^- \geqslant 0, i = 1,2,3 \\ s_r^+ \geqslant 0, r = 1,2 \end{cases}$$

图 4 - 19　重庆含非阿基米德无穷小 ε 的 DEA 模型

求出上述 4 个模型的最优解，并根据最优解取值情况对 4 个直辖市 2000 年度相对生产水平进行评价，结果如表 4 - 35 所示。

表 4 −35 北京、天津、上海、重庆 4 个直辖市 DEA 模型最优解及相对生产水平评价

直辖市	最优解	评价结果	评价依据
北京	$\theta = 1$ $s_1^- = s_2^- = s_3^- = 0,$ $s_1^+ = s_2^+ = 0$	DEA 有效	$\theta = 1,$ 且 $s_1^- = s_2^- = s_3^- = 0,$ $s_1^+ = s_2^+ = 0$
	$\lambda_1 = 1, \lambda_2 = \lambda_3 = \lambda_4 = 0$	规模收益不变	$\lambda_1 + \lambda_2 + \lambda_3 + \lambda_4 = 1$
上海	$\theta = 1$ $s_1^- = s_2^- = s_3^- = 0,$ $s_1^+ = s_2^+ = 0$	DEA 有效	$\theta = 1,$ 且 $s_1^- = s_2^- = s_3^- = 0,$ $s_1^+ = s_2^+ = 0$
	$\lambda_2 = 1, \lambda_1 = \lambda_3 = \lambda_4 = 0$	规模收益不变	$\lambda_1 + \lambda_2 + \lambda_3 + \lambda_4 = 1$
天津	$\theta = 0.913\,4$ $s_1^- = s_2^- = s_3^- = 0,$ $s_1^+ = s_2^+ = 0$	DEA 无效	$\theta < 1$
	$\lambda_1 = 0.13, \lambda_2 = \lambda_3 = \lambda_4 = 0$	规模收益递增	$\lambda_1 + \lambda_2 + \lambda_3 + \lambda_4 < 1$
重庆	$\theta = 0.805\,9$ $s_1^- = s_2^- = s_3^- = 0,$ $s_1^+ = s_2^+ = 0$	DEA 无效	$\theta < 1$
	$\lambda_1 = 0.07, \lambda_2 = \lambda_3 = \lambda_4 = 0$	规模收益递增	$\lambda_1 + \lambda_2 + \lambda_3 + \lambda_4 < 1$

对于 DEA 无效的天津、重庆，可求出其 DEA 相对有效"投影"面。对于天津，为得到相同值的总产值和财政收入，天津市的 3 项输入（固定资产净值年平均余额、流动资金年平均余额及从业人员）可分别减至：

$$\hat{x}_1 = \theta X_1 - S_1^- = 0.913\,4 \times 610.94 - 0 = 558.03$$

$$\hat{x}_2 = \theta X_2 - S_2^- = 0.913\,4 \times 0.35 - 0 = 0.32$$

$$\hat{x}_3 = \theta X_3 - S_3^- = 0.913\,4 \times 406.7 - 0 = 371.48$$

同理可分析重庆的情况，结果如表 4 −36 所示。

表 4 −36 天津、重庆 DEA 相对有效"投影"面

决策单元（直辖市）	评价指标	指标原始数据	DEA 相对有效"投影"面
天津	X_1	610.94	558.03
	X_2	0.35	0.32
	X_3	406.7	371.48
重庆	X_1	572.59	461.45
	X_2	0.32	0.26
	X_3	1 636.5	1 318.86

（二）DEA 模型简介

1. DEA 模型概况

数据包络分析（Data envelopment analysis，DEA）是 1978 年由美国著名运筹学家查恩斯（Charnes）和库珀（Cooper）等人首先提出，以相对效率概念为基础、以凸分析和线性规划为工具，对具有多投入、多产出的投入产出系统（称为决策单元）的相对有效性进行评价的系统分析方法。

在经济社会领域，经常需要对同类型的部门、企业或同一单位不同时期的相对效率进行评价，称这些同类型的部门、企业或时期为决策单元（Descision Making Units，DMU）。DEA 使用线性规划理论与方法对具有多个投入、多个产出的 DMU 的相对有效性进行评价，评价的依据是 DMU 的一组投入指标数据和一组产出指标数据，投入指标代表 DMU 在经济社会活动中需要消耗的经济量，产出指标代表 DMU 在一组投入要素组合下的有效产出量。

数据包络分析方法的基本原理如图 4 - 20 所示：依据每个决策单元的一组投入数据和产出数据，运用线性规划理论与方法对每个决策单元的相对有效性进行评价。

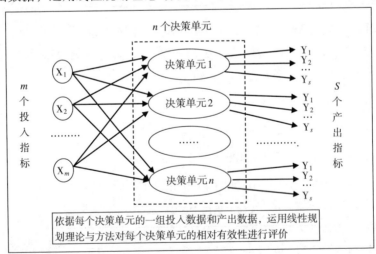

图 4 - 20　数据包络分析方法的基本原理

DEA 方法可以看作是一种非参数的经济估计方法，它不需要事先假定投入产出之间的函数关系，以系统中的实际决策单元为基础，利用观测到的有效样本数据，采用线性规划技术确定系统的有效前沿面，进而得到各决策单元的相对有效性及资源输入剩余和输出亏空等方面的信息。对于 DEA 无效的决策单元，可以利用 DEA

"投影原理"进一步分析各决策单元 DEA 无效的原因及其改进方向，从而为决策者提供重要的管理决策信息。这种方法结构简单，使用方便，特别能有效处理多投入、多产出系统的评价问题。

　　CCR 模型是 DEA 的第一个，也是最基础的评价模型。设有 n 个被评价的决策单元 DMU_i（$i=1,2,\cdots,n$），每个 DMU 都有 m 种投入，s 种产出，在生产过程中各种投入和产出之间的地位与作用不同，因此需要赋予每个输入、输出恰当的权重，如图 4 - 21 所示。

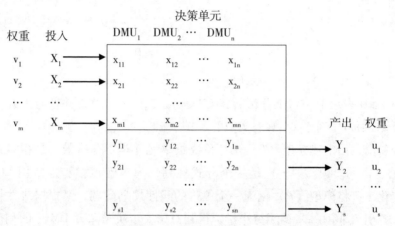

图 4 - 21　n 个 DMU 的投入、产出及权重

　　图 4 - 21 中，x_{ij} 表示第 j 个决策单元 DMU_j 的第 i 种投入量（$i=1,2,\cdots,m$，$j=1,2,\cdots,n$），$x_{ij}>0$，y_{rj} 表示第 j 个决策单元 DMU_j 的第 r 种产出量（$r=1,2,\cdots,s$，$j=1,2,\cdots,n$），$y_{rj}>0$，v_i（$i=1,2,\cdots,m$）表示第 i 种投入的权重，u_r（$r=1,2,\cdots,s$）表示第 r 种产出的权重。x_{ij}、y_{ij} 为已知数，可以根据历史资料得到，v_i、u_r 为变量。

　　对于一组权重系数：

$$V=(v_1,v_2,\cdots,v_m),\ U=(u_1,u_2,\cdots,u_s)$$

可用每个决策单元的加权产出之和与加权投入之和的比值来表示该决策单元的效率指数，第 j 个决策单元 DMU_j 的效率指数 h_j 按如下公式计算。

$$h_j=\frac{u_1\times y_{1j}+u_2\times y_{2j}+\cdots+u_s\times y_{sj}}{v_1\times x_{1j}+v_2\times x_{2j}+\cdots+v_m\times x_{mj}},j=1,2,\cdots n$$

我们总可以适当地选取权重系数 V、U，使其满足：

$$h_j\leqslant 1,\ j=1,2,\cdots,n$$

现在对第 a 个决策单元 DMU_a 进行效率评价（$1 \leq a \leq n$），看 DMU_a 在 n 个决策单元中相对来说效率是不是最优的，可以通过考查变化权重系数 V、U 时，DMU_a 的效率指数 h_a 的最大值大小来进行判断，也就是以权重系数 V、U 为变量，以第 a 个决策单元 DMU_a 的效率指数 h_a 为目标，以所有决策单元的效率指数为约束条件，构造如下最优模型。

$$(P)\begin{cases} \max h_a = \max \dfrac{u_1 \times y_{1a} + u_2 \times y_{2a} + \cdots + u_s \times y_{sa}}{v_1 \times x_{1a} + v_2 \times x_{2a} + \cdots + v_s \times x_{ma}} \\[2mm] s.t.\ h_j = \dfrac{u_1 \times y_{1j} + u_2 \times y_{2j} + \cdots + u_s \times y_{sj}}{v_1 \times x_{1j} + v_2 \times x_{2j} + \cdots + v_s \times x_{mj}} \leq 1, j = 1,2,\cdots,n \\[2mm] V = (v_1, v_2, \cdots, v_m) \geq 0 \\[2mm] U = (u_1, u_2, \cdots, u_s) \geq 0 \end{cases}$$

其中 $V \geq 0$ 表示 V 中每个分量 $v_i \geq 0$（$i = 1, 2, \cdots, m$），并且至少有一个分量 $v_k > 0$（$1 \leq k \leq m$），对于 $U \geq 0$ 有类似的含义。

不难看出，用上述模型（P）来评价决策单元 a 是不是有效，是相对其他所有决策单元而言的。模型（P）是一个分式规划，为求解该模型，使用 Charness - Cooper 变化，可将模型（P）化为一个等价的线性规划问题，又根据线性规划的对偶理论，并引入非阿基米德无穷小量，得到对第 a 个决策单元 DMU_a 的相对有效性进行评价的如下模型。

$$(D_\varepsilon)\begin{cases} \min\left[\theta - \varepsilon(s_1^- + s_2^- + \cdots + s_m^- + s_1^+ + s_2^+ + \cdots + s_s^+)\right] \\[2mm] x_{11}\lambda_1 + x_{12}\lambda_2 + \cdots + x_{1n}\lambda_n + s_1^- = x_{1a}\theta \\[2mm] x_{21}\lambda_1 + x_{22}\lambda_2 + \cdots + x_{2n}\lambda_n + s_2^- = x_{2a}\theta \\[2mm] \cdots\cdots\cdots \\[2mm] x_{m1}\lambda_1 + x_{m2}\lambda_2 + \cdots + x_{mn}\lambda_n + s_m^- = x_{ma}\theta \\[2mm] y_{11}\lambda_1 + y_{12}\lambda_2 + \cdots + y_{1n}\lambda_n - s_1^+ = y_{1a} \\[2mm] s.t.\ y_{21}\lambda_1 + y_{22}\lambda_2 + \cdots + y_{2n}\lambda_n - s_2^+ = y_{2a} \\[2mm] \cdots\cdots\cdots \\[2mm] y_{s1}\lambda_1 + y_{s2}\lambda_2 + \cdots + y_{sn}\lambda_n - s_s^+ = y_{sa} \\[2mm] \lambda_j \geq 0, (j = 1,2,\cdots,n) \\[2mm] s_i^- \geq 0, (i = 1,2,\cdots,m) \\[2mm] s_i^+ \geq 0, (i = 1,2,\cdots,s) \end{cases}$$

上述（D_ε）模型中，θ 为决策单元 DMU_a 的有效值（指投入对于产出的有效利用程度），$s_i^-(i=1,2,\cdots,m)$，$s_i^+(i=1,2,\cdots,s)$ 为松弛变量，$\lambda_i(i=1,2,\cdots,n)$ 为相对于决策单元 DMU_a 重新构造一个有效 DMU 组合中的第 i 个决策单元 DMU_i 的组合比例，$x_{ij}(i=1,2,\cdots,m,j=1,2,\cdots,n)$、$y_{rj}(r=1,2,\cdots,s,j=1,2,\cdots,n)$ 为各决策单元的投入、产出数据，ε 为非阿基米德无穷小量，在模型求解中可取 $\varepsilon=10^{-6}$。

2. 决策单元 DEA 有效判断

根据（D_ε）模型中最优解 θ^*、s_i^{-*}、s_i^{+*} 的取值情况，可以对决策单元 DMU_a 是 DEA 有效，还是 DEA 弱有效，或者是 DEA 无效做出判断，判断方法如下。

定理 1：设（D_ε）模型中 θ、s_i^-（$i=1,2,\cdots,m$）、s_i^+（$i=1,2,\cdots,s$）的最优解为 θ^*、$s_i^{-*}(i=1,2,\cdots,m)$、$s_i^{+*}(i=1,2,\cdots,s)$，则有：

（1）若 $\theta^* < 1$，则 DMU_a 为 DEA 无效，即在这 n 个决策单元组成的经济系统中可将 DMU_a 的投入降至原投入的 θ 比例而保持原产出不减。

（2）若 $\theta^* = 1$，且 $s_i^{-*}=0(i=1,2,\cdots,m)$，$s_i^{+*}=0(i=1,2,\cdots,s)$，则 DMU_a 为 DEA 有效，即在这 n 个决策单元组成的经济系统中，DMU_a 的投入产出已达到最优。

（3）若 $\theta^* = 1$，但 $s_i^{-*}(i=1,2,\cdots,m)$ 或 $s_i^{+*}(i=1,2,\cdots,s)$ 中至少有一个大于 0，则 DMU_a 为 DEA 弱有效，即在这 n 个决策单元组成的经济系统中，对于 DMU_a 的投入 $x_{ij}(i=1,2,\cdots,m,j=1,2,\cdots,n)$ 可减少 $s_i^{-*}(i=1,2,\cdots,m)$ 而保持原输出不变，或在投入不变的情况下可将产出提高 $s_i^{+*}(i=1,2,\cdots s)$。

例 4-7　设 4 个决策单元，每个决策单元有 2 个投入，1 个产出，数据如表 4-37 所示。

表 4-37　4 个决策单元的输入、输出数据

DMU	DMU_1	DMU_2	DMU_3	DMU_4
投入 1	2	1	1	2.4
投入 2	1	2	4	2.4
产出 1	1	1	1	1

试对上述 4 个决策单元进行 DEA 有效性判断。

例 4-7 中，有 4 个决策单元，每个决策单元有 2 个投入，1 个产出，因此模型（D_ε）中的 $n=4$，$m=2$，$s=1$，对第 1 个决策单元 DMU_1 的有效性进行判断，则 a

=1，用表 4 - 37 中各决策单元的投入、产出数据代入模型（D_ε）得与 DMU_1 对应的（D_ε）模型如下。

$$\begin{cases} \min\left[\theta - \varepsilon(s_1^- + s_2^- + s_1^+)\right] \\ \quad 2\lambda_1 + \lambda_2 + \lambda_3 + 2.4\lambda_4 + s_1^- = 2\theta \\ \quad \lambda_1 + 2\lambda_2 + 4\lambda_3 + 2.4\lambda_4 + s_2^- = \theta \\ \quad \lambda_1 + \lambda_2 + \lambda_3 + \lambda_4 - s_1^+ = 1 \\ s.t. \\ \quad \lambda_1 \geq 0, \lambda_2 \geq 0, \lambda_3 \geq 0, \lambda_4 \geq 0 \\ \quad s_1^- \geq 0, s_2^- \geq 0 \\ \quad s_1^+ \geq 0 \end{cases}$$

用单纯形法求解以上线性规划得最优解如下。

$$\theta^* = 1, s_1^{-*} = s_2^{-*} = 0, s_1^{+*} = 0, \lambda_1^* = 1, \lambda_2^* = \lambda_3^* = \lambda_4^* = 0$$

因为最优解 $\theta^* = 1, s_1^{-*} = s_2^{-*} = 0, s_1^{+*} = 0$，根据定理 1 知 DMU_1 为 DEA 有效。

类似地，DMU_2 也是 DEA 有效。

对于 DMU_3，相应的（D_ε）模型如下。

$$\begin{cases} \min\left[\theta - \varepsilon(s_1^- + s_2^- + s_1^+)\right] \\ \quad 2\lambda_1 + \lambda_2 + \lambda_3 + 2.4\lambda_4 + s_1^- = \theta \\ \quad \lambda_1 + 2\lambda_2 + 4\lambda_3 + 2.4\lambda_4 + s_2^- = 4\theta \\ \quad \lambda_1 + \lambda_2 + \lambda_3 + \lambda_4 - s_1^+ = 1 \\ s.t. \\ \quad \lambda_1 \geq 0, \lambda_2 \geq 0, \lambda_3 \geq 0, \lambda_4 \geq 0 \\ \quad s_1^- \geq 0, s_2^- \geq 0 \\ \quad s_1^+ \geq 0 \end{cases}$$

最优解为：

$$\theta^* = 1, s_1^{-*} = s_2^{-*} = 0, s_1^{+*} = 2, \lambda_1^* = 0, \lambda_2^* = 1, \lambda_3^* = \lambda_4^* = 0$$

因为最优解 $\theta^* = 1$，但 $s_1^{+*} = 2 > 0$，根据定理 1 知 DMU_3 为 DEA 弱有效。

对于 DMU_4，相应的（D_ε）模型如下。

$$\begin{cases} \min[\,\theta - \varepsilon(s_1^- + s_2^- + s_1^+)\,] \\ \quad 2\lambda_1 + \lambda_2 + \lambda_3 + 2.4\lambda_4 + s_1^- = 2.4 \\ \quad \lambda_1 + 2\lambda_2 + 4\lambda_3 + 2.4\lambda_4 + s_2^- = 2.4\theta \\ s.t. \quad \lambda_1 + \lambda_2 + \lambda_3 + \lambda_4 - s_1^+ = 1 \\ \quad \lambda_1 \geq 0, \lambda_2 \geq 0, \lambda_3 \geq 0, \lambda_4 \geq 0 \\ \quad s_1^- \geq 0, s_2^- \geq 0 \\ \quad s_1^+ \geq 0 \end{cases}$$

最优解为：

$$\theta^* = \frac{5}{8}, s_1^{-*} = s_2^{-*} = 0, s_1^{+*} = 0, \lambda_1^* = \frac{1}{2}, \lambda_2^* = \frac{1}{2}, \lambda_3^* = \lambda_4^* = 0$$

因为最优解 $\theta^* = \frac{5}{8} < 1$，根据定理1，$DMU_4$ 为 DEA 无效。

3. 决策单元规模效益判断

根据（D_ε）模型中的最优解 $\lambda_i^*(i = 1,2,\cdots,n)$ 的取值情况，可以判断 DMU_a 的规模效益状况，结论如下。

定理2：设（D_ε）模型中 $\lambda_i(i = 1,2,\cdots,n)$ 的最优解为 $\lambda_i^*(i = 1,2,\cdots,n)$，则有：

（1）如果存在 $\lambda_i^*(i = 1,2,\cdots,n)$ 使得 $\sum\limits_{i=1}^{n} \lambda_i^* = 1$，则 DMU_a 为规模效益不变。

（2）如果不存在 $\lambda_i^*(i = 1,2,\cdots,n)$ 使得 $\sum\limits_{i=1}^{n} \lambda_i^* = 1$，则若 $\sum\limits_{i=1}^{n} \lambda_i^* < 1$，那么 DMU_a 为规模效益递增。

（3）如果不存在 $\lambda_i^*(i = 1,2,\cdots,n)$ 使得 $\sum\limits_{i=1}^{n} \lambda_i^* = 1$，则若 $\sum\limits_{i=1}^{n} \lambda_i^* > 1$，那么 DMU_a 为规模效益递减。

在例 4-7 中，4 个 DMU 的最优解 λ_1^*、λ_2^*、λ_3^*、λ_4^* 皆满足 $\sum\limits_{i=1}^{4} \lambda_i^* = 1$，因此这 4 个 DMU 均为规模效益不变。

4. DEA 无效决策单元的投影分析

对于 DEA 无效的决策单元，可以采取以下 3 种方式调整其投入、产出，使之变为 DEA 有效的决策单元。

方式一：在保持产出不变的情况下，减少投入。

方式二：在保持投入不变的情况下，增大产出。

方式三：减少投入的同时也增大产出。

"投影分析"就是根据（D_ε）模型的最优解将 DEA 无效的决策单元转变为 DEA 有效的决策单元时，找出决策单元在投入、产出方面的改进工作应达到的目标。

定理 3：设 θ^*，$s_i^{-*}(i = 1,2,\cdots,m)$，$s_i^{+*}(i = 1,2,\cdots,s)$ 为（D_ε）模型中 θ、$s_i^-(i = 1,2,\cdots,m)$、$s_i^+(i = 1,2,\cdots,s)$ 的最优解，x_{ij} 表示第 j 个决策单元 DMU_j 的第 i 种投入量 $(i = 1,2,\cdots,m,j = 1,2,\cdots,n)$，$y_{rj}$ 表示第 j 个决策单元 DMU_j 的第 r 种产出量 $(r = 1,2,\cdots,s,j = 1,2,\cdots,n)$，对于 DEA 无效的决策单元 DMU_a 按下列公式计算 x_{ia}^*、y_{ra}^*。

$$x_{ia}^* = \theta^* x_{ia} - s_i^{-*}(i = 1,2,\cdots,m)$$
$$y_{ra}^* = y_{ra} + s_i^{+*}(r = 1,2,\cdots,s) \tag{4-17}$$

x_{ia}^*、y_{ra}^* 就是将 DEA 无效的决策单元 DMU_a 转变为 DEA 有效决策单元时的投入、产出应该达到的目标值，称（x_{ia}^*，y_{ra}^*）为 DMU_a 与（x_{ia}，y_{ra}）相对应的 DEA 有效"投影"。

例 4-8 例 4-7 中 DMU_4 为 DEA 无效，对 DMU_4 进行投影分析。

DMU_4 的最优解为 $\theta^* = \dfrac{5}{8}$，$s_1^{-*} = s_2^{-*} = 0$，$s_1^{+*} = 0$，由公式（4-17）可知：

$$x_{14}^* = \theta^* x_{14} - s_1^{-*} = \frac{5}{8} \times 2.4 - 0 = 1.5$$

$$x_{24}^* = \theta^* x_{24} - s_2^{-*} = \frac{5}{8} \times 2.4 - 0 = 1.5$$

$$y_{14}^* = y_{14} + s_1^{+*} = 1 + 0 = 1$$

上述计算结果说明：DEA 无效决策单元 DMU_4 要变为 DEA 有效决策单元，其两个投入应该调整为 1.5，皆比原来的投入 2.4 要小。

实际应用中，只要给出各决策单元的投入、产出数据，可用 DEA 专用软件求出模型（D_ε）的最优解，从而根据最优解对各决策单元的 DEA 有效性做出判断。目前有很多进行 DEA 分析的软件。

（三）基于数据包络分析的综合评价方法

1. 基于数据包络分析的综合评价方法步骤

基于数据包络分析的综合评价方法步骤如下 [①]。

---

① 杜栋，庞庆华. 现代综合评价方法与案例精选 [M]. 北京：清华大学出版社，2005：72-73.

第 1 步：选择决策单元。

由于 DEA 方法是在同类型决策单元之间进行相对有效性的评价，因此选择决策单元的一个基本要求就是决策单元同类型。实际应用中下面两点可以帮助我们选择决策单元。

第一，根据决策单元所具有的物理背景或活动空间来选择，即选择具有相同的外部环境、相同的投入产出指标和相同的目标任务的对象作为被评价的决策单元。

第二，用被评价对象的活动时间间隔来构造同类型的决策单元，例如，设一个生产过程的时间间隔为 $[0, T]$，则可将 $[0, T]$ m 等分，由于每个等分中的生产过程都是原过程的一部分（一个时段），可以将每个等分视为一个决策单元，由此得到 m 个同类型的决策单元。

第 2 步：确定投入、产出指标体系。

DEA 方法主要是用各决策单元的投入、产出指标数据对决策单元进行相对有效性评价，投入产出指标不同，其有效性的评价结果也将不同，建立投入、产出指标体系时要注意以下几点。

第一，要考虑能够实现评价目的。为了做到这一点，可将评价目的从投入、产出两个方面分解成若干变量，将各决策单元的效用型变量作为系统的产出指标，将各决策单元的成本变量作为系统的投入指标。

第二，能全面反映评价目的。一般来说，一个评价目的需要多个投入、产出指标才能较为全面地描述，缺少某个或某些指标就不能全面地反映评价目的。

第三，要考虑投入、产出指标间的联系。生产过程中，决策单元各投入、产出指标间往往具有紧密的错综复杂的关联性，不是独立的，在实际运用中，可通过专家咨询或统计分析帮助我们了解投入、产出指标间的联系。

第 3 步：收集整理数据。

采用 DEA 方法评价各决策单元的相对有效性，需要获取各决策单元的投入、产出指标值，这些指标值的正确性将直接影响各决策单元相对有效性的评价结果，正确科学收集各决策单元的投入、产出指标数据就成为 DEA 评价中的重要组成部分。

第 4 步：选择 DEA 模型并进行计算。

DEA 评价模型有多种，进行评价时需要我们根据实际情况选择合适的评价模型，一般来说可从以下两方面考虑。

第一，由于具有非阿基米德无穷小的 CCR 模型在判断 DMU 是否为 DEA 有效、DEA 弱有效、DEA 无效时非常方便，所以这一模型常被应用。

第二，为了得到不同侧面的评价信息，在可能情况下，尽量选用不同类型的 DEA 模型同时进行分析，再把分析结果相互比较。

DEA 模型求解工具可选用线性规划的商业软件，也可选用各种专门的 DEA 分析软件，通过计算机软件求解 DEA 模型，得到 DEA 模型的最优解。

第5步： 分析评价结果并提出建议。

从问题的实际背景和评价目的出发，利用 DEA 模型的最优解，判断各决策单元的 DEA 有效性如何，找出 DEA 无效决策单元无效的原因及改进措施，以辅助决策。

2. 基于数据包络分析的综合评价举例

例 4-9 用数据包络分析综合评价方法对石油企业经济效益进行评价 [①]。

第1步： 选择决策单元。

DEA 方法的基本功能是"评价"，特别是对多个同类决策单元"相对优劣"进行评价，因此选择决策单元的一个基本要求就是决策单元同类型。为此选取某石油总公司下属的 11 家油田作为决策单元，对它们进行相对有效性的评价，为公司决策层对油田生产效益进行综合比较、评价提供有效的技术经济手段。

第2步： 投入、产出指标的选择。

根据石油企业的特点，同时考虑数据统计口径的统一性、可比性、可获得性，选取如下投入、产出指标。

投入指标：X1：投资总额；X2：职工总数；X3 销售成本；X4：固定资产原值。

产出指标：Y1：原油产量（含天然气）；Y2：利税总额；Y3：新增探明储量（含天然气）。

第3步： 收集数据。

根据企业相关报表，搜集到 11 家油田的投入、产出指标数据，结果如表 4-38 所示。

---

① 选自：侯风华，张在旭，徐青山. DEA 方法在石油企业经济效益评价中的应用［J］. 系统工程理论方法应用，2000，9（3）：252-257，并进行部分改动。

表4-38 11家油田企业经济效益 DEA 分析模型投入产出数据

决策单元	投入指标				产出指标		
	投资总额/万元	职工总数/百人	销售成本/每吨元	固定资产原值/千万元	原油产量/万吨	利税总额/千万元	新增探明储量/万吨
企业 1	450 367	2.557	355	5.021	5 829.7	1 551	9 322.1
企业 2	413 856	1 900	514.5	4 449	3 128.8	313	10 731.6
企业 3	142 889	1 123	1 141	1 395	497.3	35	2 858
企业 4	213 593	1 275	628	2 388	1 727.4	167	8 620.3
企业 5	232 049	1 171	1 103.6	2 344	878.7	103	5 625.8
企业 6	138 298	707	1 124.8	1 061	468.2	64	3 495.2
企业 7	40 862	397	1 230.6	444	195.2	26	315.5
企业 8	82 840	897	958.3	1 855	520.5	8	108
企业 9	134 953	660	647.7	869	358.3	44	4 673.2
企业 10	179 615	568	1 185.7	849	230	29	3 212.8
企业 11	108 340	1 087	503.5	1 252	735.2	41	3 535.5

第4步：模型选择与计算。

选用 CCR 模型对 11 家油田企业投入产出效益进行评价。由于投入指标"固定资产原值"反映的是一个企业已经形成的生产规模，是一个非可控的指标，因此选用既含有可控指标，又含有不可控（或固定）指标的 CCR 模型，将表4-38中投入、产出指标数据代入所选模型，线性规划的最优解见表4-39、表4-40。

表4-39 CCR 模型最优解 (θ、S_i^-、S_i^+)

决策单元	θ	S_1^-	S_2^-	S_3^-	S_4^-	S_1^+	S_2^+	S_3^+
企业 1	1	0	0	0	0	0	0	0
企业 2	1	0	0	0	0	0	0	0
企业 3	0.553 6	0	149.9	185.6	0	0	15.7	0
企业 4	1	0	0	0	0	0	0	0
企业 5	0.707 2	22 233	0	331	164.1	174.2	0	0
企业 6	0.786 1	0	0	374.3	0	0	19.96	0
企业 7	1	0	0	0	0	0	0	0

续表

决策单元	θ	S_1^-	S_2^-	S_3^-	S_4^-	S_1^+	S_2^+	S_3^+
企业8	0.543 5	0	201.1	261.9	0	0	125.6	724.9
企业9	1	0	0	0	0	0	0	0
企业10	0.818 9	53 402	0	486.6	0	22.1	2	0
企业11	1	0	0	0	0	0	0	0

表4-40　CCR模型最优解（λ_i）

决策单元	λ_1	λ_2	λ_3	λ_4	λ_5	λ_6	λ_7	λ_8	λ_9	λ_{10}	λ_{11}	总计
企业1	1	0	0	0	0	0	0	0	0	0	0	1
企业2	0	1	0	0	0	0	0	0	0	0		1
企业3	0	0	0	0.236 0	0	0	0.154 7	0	0.165 7	0	0	0.556 4
企业4	0	0	0	1	0	0	0	0	0	0	0	1
企业5	0	0	0	0.582 8	0	0	0	0	0.128 6	0	0	0.711 4
企业6	0.032 7	0	0	0.021 6	0	0	0.057 6	0	0.638 9	0	0	0.750 8
企业7	0	0	0	0	0	0	1	0	0	0	0	1
企业8	0.083 0	0	0	0	0	0	0.186 3	0	0	0	0	0.269 3
企业9	0	0	0	0	0	0	0	0	1	0	0	1
企业10	0	0	0	0	0	0	0.033 8	0	0.685 2	0	0	0.719
企业11	0	0	0	0	0	0	0	0	0	0	1	1

第5步：结果分析。

（1）DEA有效性判断。

根据表4-39中CCR模型求解结果可知，企业1、企业2、企业4、企业7、企业9、企业11这6个油田的$\theta=1$且$S_1^-=S_2^-=S_3^-=S_4^-=0$，$S_1^+=S_2^+=S_3^+=0$，企业3、企业5、企业6、企业8、企业10这5个油田的$\theta<1$，由DEA有效性的判别定理1知：

企业1、企业2、企业4、企业7、企业9、企业11这6个油田企业为DEA有效。

企业3、企业5、企业6、企业8、企业10这5个油田企业为DEA无效。

（2）规模效益判断。

根据表4-40中CCR模型求解结果可知，企业1、企业2、企业4、企业7、企业9、企业11这6个油田 $\lambda_1 + \lambda_2 + \lambda_3 + \lambda_4 + \lambda_5 + \lambda_6 + \lambda_7 + \lambda_8 + \lambda_9 + \lambda_{10} + \lambda_{11} = 1$，企业3、企业5、企业6、企业8、企业10这5个油田 $\lambda_1 + \lambda_2 + \lambda_3 + \lambda_4 + \lambda_5 + \lambda_6 + \lambda_7 + \lambda_8 + \lambda_9 + \lambda_{10} + \lambda_{11} < 1$，由规模效益判别定理2知：

企业1、企业2、企业4、企业7、企业9、企业11这6个油田为规模效益不变。

企业3、企业5、企业6、企业8、企业10这5个油田为规模效益递增。

（3）投影分析。

企业3、企业5、企业6、企业8、企业10这5个油田为DEA无效，对它们进行"投影"分析，得到将它们转变为DEA有效的目标投入、产出结果。

对于企业3，由表4-39可知 $\theta = 0.553\,6$，$S_1^- = 0$，$S_2^- = 149.9$，$S_3^- = 185.6$，$S_4^- = 0$，$S_1^+ = 0$，$S_2^+ = 15.7$，$S_3^+ = 0$，将企业3的上述最优解结果、表4-38中企业3的指标值代入定理3的公式（4-17），可得将企业3转变为DEA有效，其投入、产出应该达到的目标值。

3个投入指标的目标值 [①]：

投资总额目标值 = $\theta \times$ 实际投资总额 $- S_1^-$ = $0.553\,6 \times 142\,889 - 0 = 79\,103$

职工总数目标值 = $\theta \times$ 实际职工总数 $- S_2^-$ = $0.553\,6 \times 1\,123 - 149 = 473$

销售成本目标值 = $\theta \times$ 实际销售成本 $- S_3^-$ = $0.553\,6 \times 1\,141 - 185 = 447$

3个产出指标的目标值：

原油产量目标值 = 实际原油产量 $+ S_1^+$ = $497.3 + 0 = 497$

利税总额目标值 = 实际利税总额 $+ S_2^+$ = $35 + 15.7 = 50.7$

新增探明储量目标值 = 实际新增探明储量 $+ S_3^+$ = $2\,858 + 0 = 2\,858$

对于其他4个油田进行同样的处理，可得将它们转变为DEA有效，其投入、产出应该达到的目标值，结果如表4-41所示。

---

① 由于投入指标"固定资产原值"反映的是一个企业已经形成的生产规模，是一个非可控的指标，不宜对其进行调整，因此这里只对其他3个投入指标做投影分析。

表 4 - 41 DEA 无效决策单元投影分析结果

决策单元		投入指标			产出指标		
		投资总额/万元	职工总数/百人	销售成本/每吨元	原油产量/万吨	利税总额/千万元	新增探明储量/万吨
企业 3	现实投入（产出）	142 889	1 123	1 141	497	35	2 858
	目标投入（产出）	79 103	472	446	497	50.7	2 858
企业 5	现实投入（产出）	232 049	1 171	1 103.6	878.7	103	5 625.8
	目标投入（产出）	141 872	828	449	1 052.9	103	5 625.8
企业 6	现实投入（产出）	137 298	707	1 124.8	468.2	64	3 495.2
	目标投入（产出）	107 930	556	510	468.2	83.96	3 495.2
企业 8	现实投入（产出）	82 840	897	958.3	520.5	8	108
	目标投入（产出）	45 015	286	259	520.5	133.6	832.9
企业 10	现实投入（产出）	179 615	568	1 185.7	230	29	3 212.8
	目标投入（产出）	93 846	466	485	252.1	31	3 212.8

五、BP 神经网络综合评价模型

BP 神经网络综合评价模型是运用 BP 神经网络的学习能力，利用学习样本对构建的 BP 神经网络进行训练，使得经过训练的网络拥有"专家"的智慧，然后用训练好的拥有"专家"的智慧的网络对评价对象进行评价的一种综合评价方法，其基本原理如图 4 - 22 所示。

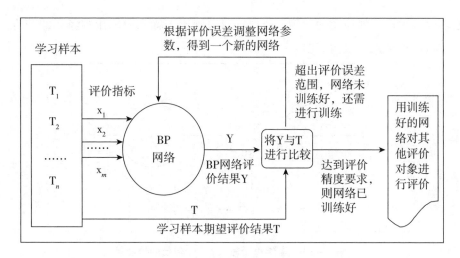

图 4 –22 BP 神经网络综合评价原理

BP 神经网络综合评价的流程如下。

（1）将学习样本评价指标数据输入 BP 神经网络系统，系统对数据进行分析处理，给出评价对象的 BP 网络评价结果 Y。

（2）将 BP 网络评价结果 Y 与学习样本的期望评价结果 T 进行比较，依据比较结果做出结束网络训练还是继续进行网络训练的选择。

① 如果 Y 与 T 的误差达到规定要求，则表明 BP 网络已训练好，结束网络训练，可用训练好的网络对其他评价对象进行评价。

② 如果 Y 与 T 的误差未达到规定要求，则表明 BP 网络未训练好，需继续对网络进行训练。这时将 Y 与 T 的误差返回 BP 神经网络系统，网络系统根据误差对 BP 网络系统参数进行调整，得到一个新的 BP 神经网络系统。

（3）用新的 BP 网络对学习样本进行评价，直到学习样本的网络评价结果与期望评价结果的误差达到规定要求为止。

（一）BP 神经网络简介

神经元是构成神经网络的基本元素，将多个神经元进行连接就构成神经网络，了解神经网络就得先了解神经元的结构与工作原理。

1. 神经元模型

（1）神经元的结构。

神经元有单输入单输出神经元、多输入单输出神经元两种，单输入单输出神经元是多输入单输出神经元的特例，所以这里只给出多输入单输出神经元的结构，多输入单输出神经元的结构如图4-23所示。

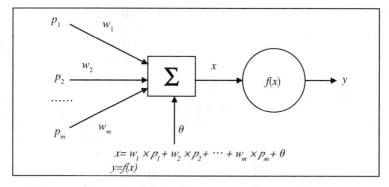

$$x = w_1 \times p_1 + w_2 \times p_2 + \cdots + w_m \times p_m + \theta$$
$$y = f(x)$$

图4-23　具有 m 个输入，1 个输出的神经元

神经元由以下6个要素构成。

① 一组输入：p_1、p_2、$\cdots$、p_m，记为 $P = \begin{pmatrix} p_1 \\ p_2 \\ \cdots \\ p_m \end{pmatrix}$，称为输入向量。

② 一组权值：w_1、w_2、$\cdots$、w_m，记为 $W = (w_1, w_2, \cdots, w_m)$，称为权向量。

③ 阈值(或称偏置)：θ。

④ 神经元净输入：x，$x = w_1 \times p_1 + w_2 \times p_2 + \cdots + w_m \times p_m + \theta$。

⑤ 传输函数：$f(x)$。

⑥ 神经元输出：y，$y = f(x)$。

注意：权向量 W、阈值 θ 是神经元可调节的参数，在神经网络的应用中正是通过调整权向量 W、阈值 θ 来满足特定的要求。

（2）神经元的工作原理。

神经元的基本功能是根据输入向量 P 得到输出值 y，图4-23的神经元工作原理如下。

① 将输入向量 P、权向量 W、阈值 θ 按下述公式计算神经元净输入 x。

$$x = W \times P + \theta = (w_1, w_2, \cdots, w_m) \times \begin{pmatrix} p_1 \\ p_2 \\ \cdots \\ p_m \end{pmatrix} + \theta$$

$$= w_1 \times p_1 + w_2 \times p_2 + \cdots + w_m \times p_m + \theta$$

② 由净输入 x 通过传输函数 $f(x)$ 计算出神经元输出 y，即：

$$y = f(x)$$

从上述神经元的工作原理可知：神经元的传输函数 $f(x)$ 确定后，调整权向量 W、阈值 θ 可改变神经元的输出值 y，在神经网络的应用中，正是通过调整权向量 W、阈值 θ 的取值来优化网络功能。

传输函数有多种形式，依据不同目的可以选择不同的传输函数，传输函数的选择是构建神经网络过程中非常重要的环节，常用的传输函数如表 4 – 42 所示。

表 4 – 42　常用神经元传输函数

传输函数名称	函数表达式	函数记号
纯线性函数	$y = x$	$y = \text{purelin}(x)$
正线性函数	$y = \begin{cases} 0 & x < 0 \\ x & x \geq 0 \end{cases}$	$y = \text{poslin}(x)$
饱和线性函数	$y = \begin{cases} 0 & x < 0 \\ x & 0 \leq x \leq 1 \\ 1 & x > 1 \end{cases}$	$y = \text{satlin}(x)$
对称饱和线性函数	$y = \begin{cases} 0 & x < -1 \\ x & -1 \leq x \leq 1 \\ 1 & x > 1 \end{cases}$	$y = \text{satlins}(x)$
硬极限函数	$y = \begin{cases} 0 & x < 0 \\ 1 & x \geq 0 \end{cases}$	$y = \text{hardlim}(x)$
对称硬极限函数	$y = \begin{cases} -1 & x < 0 \\ 1 & x \geq 0 \end{cases}$	$y = \text{hardlims}(x)$
对数 S 形函数	$y = \dfrac{1}{1 + e^{-x}}$	$y = \text{logsig}(x)$
双曲正切 S 形函数	$y = \dfrac{e^x - e^{-x}}{e^x + e^{-x}}$	$y = \text{tansig}(x)$

（3）神经元实例。

一个神经元由权向量 W、阈值 θ、传输函数 $f(x)$ 所决定。例如，某神经元的权向量 $W = (3, 2, 4)$、阈值 $\theta = 1.2$，传输函数 $f(x)$ 为对数 S 形函数，即 $y = \text{logsig}(x)$，则该神经元的结构如图 4 – 24 所示。

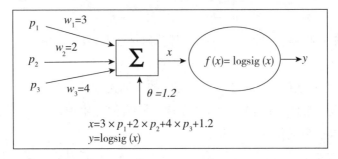

图 4 −24 具有 3 个输入，1 个输出的神经元

该神经元的计算公式为：

$$x = W \times P + \theta = (3,2,4) \times \begin{pmatrix} p_1 \\ p_2 \\ p_3 \end{pmatrix} + 1.2 = 3p_1 + 2p_2 + 4p_3 + 1.2 \qquad (4-18)$$

$$y = \mathrm{logsig}(x) = \frac{1}{1 + e^{-x}} \qquad (4-19)$$

对于输入向量 $P_1 = \begin{pmatrix} -5 \\ 6 \\ 2 \end{pmatrix}$ ，用公式（4 −18）可计算出上述神经元的净输入 x：

$$x = (3,2,4) \times \begin{pmatrix} p_1 \\ p_2 \\ p_3 \end{pmatrix} + 1.2 = (3,2,4) \times \begin{pmatrix} -5 \\ 6 \\ 2 \end{pmatrix} + 1.2$$

$$= 3 \times (-5) + 2 \times 6 + 4 \times 2 + 1.2 = 6.2$$

用公式（4 −19）可计算出上述神经元的输出 y：

$$y = \mathrm{logsig}(6.2) = \frac{1}{1 + e^{-6.2}} = 0.9989$$

对于输入向量 $P_2 = \begin{pmatrix} 2 \\ 1 \\ -3 \end{pmatrix}$ ，用公式（4 −18）可计算出上述神经元的净输入 x：

$$x = (3,2,4) \times \begin{pmatrix} p_1 \\ p_2 \\ p_3 \end{pmatrix} + 1.2 = (3,2,4) \times \begin{pmatrix} 2 \\ 1 \\ -3 \end{pmatrix} + 1.2$$

$$= 3 \times 2 + 2 \times 1 + 4 \times (-3) + 1.2 = -2.8$$

用公式（4-19）可计算出上述神经元的输出 y：

$$y = \text{logsig}(-2.8) = \frac{1}{1 + e^{2.8}} = 0.0573$$

从上述神经元输出结果 y 的计算可以看出，在传输函数 $f(x)$ 的形式确定后，神经元中权向量 W、阈值 θ 发生改变，神经元的输出将随之改变。

在神经网络的应用中，正是通过调整权向量 W、阈值 θ 的取值来控制网络的输出值，使得网络的输出更符合实际，以达到特定的目的。

2. BP 神经网络

一般来说，单个神经元并不能满足实际应用的要求，在实际应用中需要将多个神经元连接在一起，组成一个网络。

根据神经网络中神经元的连接方式、调节神经元权向量的方法可以将神经网络分为不同的网络形式，BP 神经网络是其中的一种网络形式，下面对 BP 神经网络的主要特性做一简要介绍。

（1）BP 神经网络结构。

BP 神经网络是一种基于误差反向传播的多层前向网络，其中"误差反向传播"说的是网络在学习过程中调节神经元权向量的方法，"多层"说的是网络的结构形式，"前向"说的是网络的输入信息传播方向：由输入神经元向输出神经元传播，其结构如图 4-25 所示。

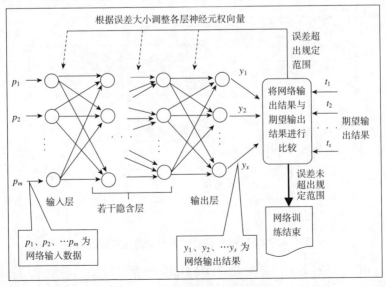

图 4-25　BP 神经网络结构

BP 神经网络结构有以下几个特点。

①BP 神经网络是个多层网络。BP 神经网络由一个输入层、若干隐含层、一个输出层组成，每一层包含若干神经元。同层神经元间、隔层神经元间没有任何连接，相邻层神经元间皆有连接。上述连接特点决定了网络中同层神经元、隔层神经元间互不影响，每一层神经元状态只影响下一层神经元。

②网络输入信号由输入层向输出层单向传播。网络输入向量 $P = (p_1、p_2、\cdots、p_m)$ 从输入层神经元依次传过各隐含层神经元，然后传到输出层神经元，最后经过输出层神经元产生网络输出结果：$y_1、y_2、\cdots、y_s$。

③误差信号反向传播。当网络输出结果与期望输出结果有误差，且这种误差超出规定范围，则将误差信号沿原来的连接通路返回，从输出层到隐含层，再到输入层，依次修改各层神经元的权向量，得到一个新的 BP 神经网络。

（2）BP 神经网络学习算法。

神经网络的学习也称为训练，指的是通过调整神经网络中神经元的权向量、阈值来改变网络输出的过程。学习算法指的是一套调整权向量、阈值的规则。神经网络的学习算法有很多，目前还没有一种适用于所有神经网络的学习算法，选择或设计学习算法需要考虑神经网络的结构及神经网络与外界的相连形式。

BP 神经网络使用一种叫作"误差反向传播"（back propagation，简称 BP）的网络学习算法，BP 网络也因此而得名。误差反向传播算法过程如图 4 - 26 所示。

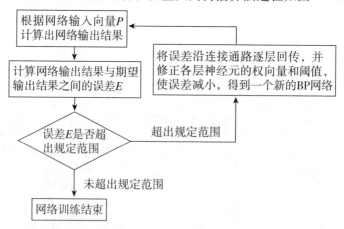

图 4 - 26　BP 神经网络误差反向传播算法流程

具体的 BP 神经网络学习算法及在 MATLAB 神经网络工具箱中采用各算法的训练函数如表 4 - 43 所示。

表 4 –43 BP 神经网络学习算法及其在 MATLAB 神经网络工具箱中对应的训练函数

算法名称	对应的训练函数		算法名称	对应的训练函数
最速下降 BP 算法	traingd	变梯度算法	Fletcher – Reeves 修正算法	traincgf
动量 BP 算法	traingdm		Polak – Ribiere 修正算法	Traincgp
学习率可变 BP 算法	traingdx		Powell – Beale 复位算法	Traincgb
弹性算法（RPROP）	trainrp		SCG 算法	trainscg
LM 算法	trainlm	拟牛顿算法	BFGS 算法	trainbfg
			OSS 算法	trainoss

（3）BP 神经网络学习算法的比较[①]。

对于一个给定的问题，到底采用哪种训练方式，其训练速度最快，这是很难预知的，因为这取决于许多因素，包括给定问题的复杂性、训练样本的样本容量大小、网络权向量和阈值的大小、误差目标、网络的用途（用于模式识别还是函数逼近）等。

但通过实验，可以得出各种算法性能上的一些结论，通常对于包含数百个权向量的函数逼近网络，LM 算法的收敛速度最快。如果要求的精确度比较高，则该算法的优点尤其突出。在许多情况下，采用 LM 算法的训练函数 trainlm 可以获得比其他任何一种算法更小的均方误差。但当网络权向量的数量增加时，trainlm 的优点将逐渐变得不明显。另外，trainlm 对于模式识别相关问题的处理功能很弱，其储存空间比其他算法大，通过调整 trainlm 的存储空间参数 mem – reduc，虽然可以在一定程度上减小对存储空间的要求，但却需要增加运行时间。

将弹性算法（Resilient Back – PROPagation，RPROP）的训练函数 trainrp 应用于模式识别时，其速度是最快的，但对于函数逼近问题该算法却不是最好的，其性能同样会随着目标误差的减小而变差。该算法所需的存储空间较其他算法相对要小一些。

变梯度算法，特别是 SCG 算法，在更广泛的问题中，尤其是在网络规模较大的场合，其性能都很好。SCG 算法应用于函数逼近问题时，几乎与 LM 算法一样快（在网络规模较大时比 LM 算法更快）；而应用于模式识别时几乎与 RPROP 算法一样快，其性能不像 RPROP 算法随着目标误差的减小而下降得那么快。变梯度算法对存

① 张德丰. MATLAB 神经网络仿真与应用［M］. 北京：电子工业出版社，2009：175.

储空间的要求相对也低一些。

BFGS 算法类似于 LM 算法，其所需的存储空间比 LM 算法小，但其运算量却随网络的大小呈几何级数增长，因为对每次迭代过程都必须计算相应矩阵的逆矩阵。

学习率可变 BP 算法通常比其他算法的速度要慢很多，而其存储空间与 RPROP 算法一样，但在应用于某些问题时该算法仍然很有用。在有些特定的情况下收敛速度慢一些反而好些，例如，如果用收敛速度太快的算法，可能得到的结果是还达不到要求的目标时训练就提前结束了，会错过使误差最小的点。

（二）基于 BP 神经网络的综合评价方法

1. 基于 BP 神经网络的综合评价步骤

用 BP 神经网络做综合评价步骤如下。

第 1 步：构建评价指标体系。

第 2 步：收集学习样本、验证样本数据。

根据建立的评价指标体系，收集评价对象在评价指标体系中最后一级指标上的取值，另外还需给出每个评价对象的期望评价结果。

将样本分为学习样本与验证样本，学习样本用于训练网络，验证样本用于检验训练好的网络的评价效果。

第 3 步：对数据进行归一化处理。

数据归一化，就是将样本数据及期望评价结果转化到区间 ［0，1］ 或 ［-1，1］ 范围内，转化公式如下。

$$y = \frac{x - \min}{\max - \min} \tag{4-20}$$

$$或 y = 2 \times \frac{x - \min}{\max - \min} - 1 \tag{4-21}$$

上述 2 个公式中 min 为 x 的最小值，max 为 x 的最大值。公式 （4-20） 将数据归一化到区间 ［0，1］ 上，公式 （4-21） 将数据归一化到区间 ［-1，1］ 上。

第 4 步：设计 BP 神经网络 [①]。

BP 神经网络的设计主要包括网络层数、各层 （输入层、隐含层、输出层） 神经元数量、传输函数等几个方面的设计。

---

① 张德丰. MATLAB 神经网络仿真与应用 ［M］. 北京：电子工业出版社，2009：176.

① BP 神经网络层数的设计。

BP 神经网络可以包含不同数量的隐含层，但理论上已证明，在不限制隐含层神经元数量的情况下，一个三层 BP 神经网络（1 个输入层、1 个隐含层、1 个输出层）可以实现任意从输入到输出的非线性映射。因此，在实际应用中一般选择三层 BP 神经网络。但当学习样本的样本容量较大时，有时会增加一个隐含层，但 BP 神经网络隐含层数一般不会超过两层。

② 输入层神经元数设计。

输入层用于接收外部的输入数据，其神经元数取决于输入向量的维数。BP 神经网络用于综合评价时，其输入层神经元数等于评价指标体系最后一级指标个数。

③ 输出层神经元数设计。

输出层用于输出评价结果，用一个神经元就能达到目的。

④隐含层神经元数设计。

关于隐含层神经元数的问题，至今为止，尚未找到一个很好的解决方法，隐含层神经元数往往根据前人设计所得的经验和自己进行试验来确定。

一般认为，隐含层神经元数与求解问题的要求、输入层神经元数、输出层神经元数都有直接的关系。另外，隐含层神经元数太多会导致学习时间过长，而隐含层神经元数太少，则容错性差，识别未经学习的样本能力弱，所以必须综合多方面的因素进行设计。

对于用于模式识别/分类的 BP 神经网络，根据前人的经验，可以参照以下公式进行设计。

$$n = \sqrt{n_i + n_o} + a \qquad (4-22)$$

式中，n 为隐含层神经元数，n_i 为输入层神经元数，n_o 为输出层神经元数，a 为 1～10 的常数。

⑤ 传输函数的设计。

传输函数要选择两个，一个用于隐含层，一个用于输出层。一般隐含层传输函数选用表 4-42 中的对数 S 形函数（logsig 函数）或双曲正切 S 形函数（tansig 函数），输出层传输函数选用纯线性函数（purelin 函数）或双曲正切 S 形函数（tansig 函数）。

第 5 步：用学习样本训练网络。

训练网络就是用学习样本对网络进行训练，这类似于人脑的学习，通过训练让网络建立起相应的非线性数学模型，存储变量间的非线性关系，训练好的网络就像拥有了专家的智慧，可以对未知评价结果的评价对象进行评价。

进行网络训练需要选择对网络进行训练的训练函数（如表4-43所示）、确定网络训练学习应达到的精度、最大迭代次数、学习速率等。

第6步：检验训练好的网络的评价效果。

用训练好的BP神经网络对验证样本进行评价，将网络评价结果与期望评价结果进行比较，检验所建立BP神经网络的评价效果。

2. 基于BP神经网络的综合评价举例

例4-10 用BP神经网络对中小企业信用进行评价[①]。

第1步：构建中小企业信用评价指标体系。

根据国内外著名信用评级机构、各类商业银行所使用的信用评价体系，结合我国中小企业的发展现状，建立更加适应我国国情的中小企业信用评价指标体系，如表4-44所示。

表4-44 中小企业信用评价指标体系

一级指标	二级指标	指标代码
偿债能力	资产负债率	X1
	现金流动负债比率	X2
	流动比率	X3
盈利能力	净资产收益率	X4
	资产净利率	X5
	销售净利率	X6
营运能力	应收账款周转率	X7
	流动资产周转率	X8
	总资产周转率	X9
	存货周转率	X10
成长能力	总资产增长率	X11
	净利润增长率	X12
	利润总额增长率	X13

---

① 本例摘自：欧阳建明. 基于BP神经网络的中小企业信用评级［D］. 南昌：江西财经大学，2016.

一级指标	二级指标	指标代码
经营者及员工素质	领导者管理水平	X14
	员工素质	X15
创新能力	科研人员比重	X16

第2步：收集学习样本、验证样本数据。

选取深交所中小企业板 2013 年的 50 家中小企业作为样本，其中 40 家作为学习样本，10 家作为验证样本。收集这 50 家企业表 4－44 中二级指标的数据，并用公式（4－20）对数据进行归一化处理，部分学习样本数据如表 4－45 所示，验证样本数据如表 4－46 所示。

对 BP 神经网络进行训练时，必须知道学习样本的期望评价值，这里根据某商业银行的信用评级标准对这 50 家中小企业进行信用评级，用公式（4－20）对评级结果进行归一化处理，部分学习样本期望评价值归一化结果如表 4－45 最后一行所示，验证样本期望评价值归一化结果如表 4－46 最后一行所示。

表 4－45　中小企业信用评价指标及期望评价值归一化后数据（部分学习样本）

指标	S1	S2	S3	S4	S5	···	S37	S38	S39	S40
X1	0.14	0.01	0.11	0.03	0.02	···	0.06	0.05	0.26	0.05
X2	0.22	0.02	0.15	0.03	0.01	···	0.03	0.04	0.39	0.02
X3	0.29	0.91	0.17	0.65	0.85	···	0.66	0.61	0.30	0.72
X4	0.53	0.43	0.48	0.30	0.13	···	0.20	0.42	0.48	0.34
X5	0.32	0.21	0.21	0.15	0.06	···	0.13	0.14	0.44	0.13
X6	0.45	0.41	0.41	0.30	0.10	···	0.19	0.36	0.40	0.37
X7	0.00	0.01	0.01	0.00	0.00	···	0.00	0.00	0.00	0.00
X8	0.04	0.30	0.12	0.11	0.05	···	0.02	0.12	0.06	0.08
X9	0.29	0.38	0.47	0.38	0.14	···	0.16	0.74	0.15	0.56
X10	0.35	1.00	0.77	0.61	0.34	···	0.22	0.95	0.22	0.64
X11	0.07	1.00	0.05	0.06	0.06	···	0.05	0.08	0.10	0.08
X12	0.02	1.00	0.02	0.02	0.01	···	0.02	0.02	0.03	0.02

续表

指标	S1	S2	S3	S4	S5	⋯	S37	S38	S39	S40
X13	0.01	1.00	0.00	0.02	0.01	⋯	0.01	0.02	0.01	0.02
X14	0.08	0.14	0.07	0.12	0.11	⋯	0.05	0.13	0.12	0.31
X15	0.45	0.18	0.11	0.34	0.15	⋯	0.63	0.24	0.49	0.31
X16	0.35	0.19	0.29	0.30	0.20	⋯	0.89	0.33	0.98	0.28
期望评价值	0.750	0.755	0.700	0.654	0.526	⋯	0.525	0.850	0.296	0.438

表4-46　中小企业信用评价指标及期望评价值归一化后数据（验证样本）

指标	T1	T2	T3	T4	T5	T6	T7	T8	T9	T10
X1	0.02	1.00	0.04	0.15	0.03	0.15	0.06	0.05	0.21	0.05
X2	0.01	1.00	0.08	0.06	0.02	0.10	0.03	0.03	0.26	0.01
X3	1.00	0.01	0.50	0.34	0.85	0.31	0.54	0.59	0.32	0.68
X4	0.27	1.00	0.21	0.67	0.20	0.28	0.15	0.47	0.47	0.40
X5	0.14	0.78	0.25	0.52	0.09	0.09	0.09	0.16	0.42	0.16
X6	0.39	0.67	0.18	0.59	0.23	0.24	0.13	0.42	0.40	0.46
X7	0.00	0.00	0.01	0.02	0.01	0.02	0.00	0.00	0.00	0.00
X8	0.30	0.07	0.96	0.02	0.04	0.07	0.01	0.12	0.05	0.07
X9	0.31	0.21	0.03	0.20	0.43	0.86	0.10	0.69	0.16	0.52
X10	0.44	0.24	0.82	0.17	0.55	0.86	0.17	0.94	0.24	0.58
X11	0.06	0.06	0.04	0.05	0.05	0.06	0.03	0.07	0.07	0.06
X12	0.02	0.02	0.02	0.02	0.02	0.02	0.01	0.02	0.02	0.02
X13	0.02	0.02	0.01	0.01	0.01	0.01	0.01	0.02	0.01	0.01
X14	0.20	0.03	0.24	0.14	0.01	0.23	0.05	0.13	0.12	0.31
X15	0.29	0.66	0.30	0.54	0.01	0.13	0.63	0.24	0.49	0.31
X16	0.42	1.00	0.10	0.47	0.09	0.37	0.89	0.33	0.98	0.28
期望评价值	0.850	0.512	0.420	0.406	0.608	0.447	0.641	0.850	0.850	0.823

第 3 步：设计 BP 神经网络。

（1）BP 神经网络层数的设计。

在不限制隐含层神经元数量的情况下，一个三层 BP 神经网络（1 个输入层、1 个隐含层、1 个输出层）可以实现任意从输入到输出的非线性映射。另外，神经网络层数的增加，虽然精度会提高，但是网络的训练时间会延长，更甚者可能会无法运行。因此，在设计层数时，要兼顾这两者关系。这里设计只有一个隐含层的三层 BP 网络，用于中小企业的信用评级，是比较适宜的。

（2）输入层神经数设计。

由表 4 - 44 可知，中小企业信用评价指标体系有 16 个二级指标，因此，BP 网络输入层神经元数设定为 16。

（3）输出层神经数设计。

输出层只需输出中小企业信用评级结果，输出变量只有 1 个，因此输出层神经元数设定为 1。

（4）隐含层神经元数的选择。

隐含层神经元数的选择是网络应用中一个长期以来未得到解决的难题。虽然隐含层神经元数多可使得结果更加精确，但是也存在学习时间长、不能收敛的重大缺陷，然而，隐含层神经元数过少，也可能导致训练不出结果，或者结果的效果不理想。确定隐含层神经元数的参考公式如下。

$$n = \sqrt{n_i + n_o} + a$$

其中，n 为隐含层神经元数，n_i 为输入层神经元数，n_o 为输出层神经元数，a 为 1 ~ 10 的常数。

根据上述公式，对隐含层神经元数进行设计，多次试验，增加或者降低隐含层神经元数，比较训练的误差，当其达到最小时，停止试验。发现当神经元数为 8 时，误差最小，因此隐含层神经元数定为 8。

（5）传输函数设计。

本例输出层传输函数选用纯线性函数，函数形式为：$f(x) = \text{purelin}(x) = x$。隐含层传输函数选用对数 S 形函数，函数形式为：$f(x) = \text{logsig}(x) = \dfrac{1}{1 + e^{-x}}$。

第 4 步：用学习样本训练网络。

用 40 家中小企业数据对所构建的网络进行训练，训练结果如图 4 - 27、图 4 - 28 所示。

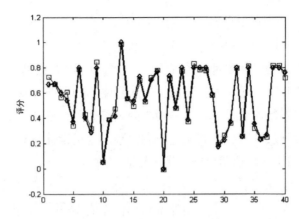

图 4 -27　学习样本网络评价值与期望评价值对比图

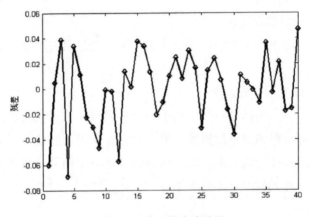

图 4 -28　学习样本残差图

　　图 4 -27 是学习样本网络评价值与期望评价值之间的对比图，图 4 -28 是它们之间绝对误差图，从图中可看出最大绝对误差为 0.069 0，最小绝对误差为 0.000 6，如果以绝对误差小于 0.05 作为可以容忍的误差范围，有 3 个评价对象的误差超过 0.05，因此训练好的 BP 网络对学习样本的评价准确率为 37/40 = 92.5%，准确率比较高。

　　第 5 步：检验训练好的网络的评价效果。

　　由图 4 -27、图 4 -28 的网络训练结果可知，用学习样本对 BP 神经网络进行训练后，训练好的 BP 神经网络对学习样本的评价结果较好，网络评价与期望评价间的误差绝对值接近 0，误差满足精度要求。但是，一个网络的优越性不是体现在对学习样本进行评价时的准确性，更多的是体现在对学习样本之外的评价对象进行评价的准确性上，因此，用所构建的 BP 神经网络对验证样本的信用进行评价，根据网络评价结果与期望评价结果的对比来检验网络对于学习样本之外的评价对象进行评价的准确性。

用训练好的 BP 神经网络对验证样本的信用进行评价，BP 神经网络的评价结果与期望评价结果的对比情况如图 4－29 所示，残差情况如图 4－30 所示。

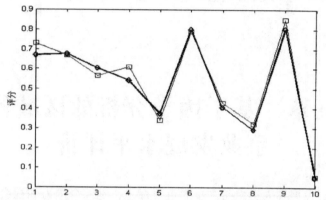

图 4－29　验证样本信用的网络评价结果与其期望评价结果对比情况

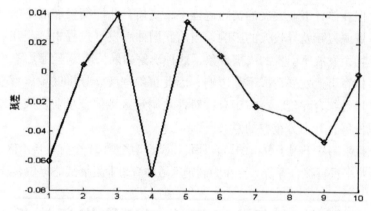

图 4－30　验证样本信用的网络评价结果与其期望评价结果间的残差

图 4－29 是验证样本网络评价值和期望评价值之间的对比图，其中浅色线是期望评价值，深色线是网络评价值；图 4－30 是它们之间的绝对误差图。

从上述验证样本的网络评价结果与期望评价结果的对比可以看出，如果以绝对误差小于 0.05 作为可容忍的误差范围，那么所建立的 BP 神经网络模型对验证样本的评价准确率为 8/10 ＝80%，具有比较强的泛化能力，说明所建立的 BP 神经网络是比较成功的。

下篇　应用篇

第五章　基于因子分析的区域体育事业发展水平评价

体育是社会发展和人类文明进步的重要标志，是综合国力和社会文明程度的重要体现，是我国经济社会发展过程中重要新兴力量。改革开放以来，我国体育事业发展迅速，但在体育事业发展的实际过程中，受体育非均衡发展战略的选择及区域经济基础、资源禀赋差异较大的影响，当前我国体育发展过程中已经在局部出现了由于过度非均衡发展所引发的失衡现象，这种现象如果长期得不到缓解，任其扩大，就会对整个体育事业发展造成不利影响，因此正确理解、分析区域体育事业发展水平，并对其进行综合评价，这对于有针对性地制定区域体育事业发展战略，促进体育事业协调发展具有十分重要的意义。

本研究拟采用基于因子分析的综合评价模型，对全国 31 个省、自治区、直辖市体育事业发展水平进行综合评价，旨在为制定区域体育事业发展战略提供客观参考依据。

一、区域体育事业发展水平评价指标体系的构建

体育事业是非线性复杂系统，对非线性复杂系统的发展水平进行测度与评价，仅用单个指标很难反映其主要特征，必须建立一套能把系统要素量化，科学、严密、完整的指标体系，才能对系统各方面的状态进行较为准确、定量的描述。

指标体系的构建，是一个"具体—抽象—具体"的逻辑思维过程，是人们对评价对象本质特征的认识逐步深化、逐步精细、逐步完善、逐步系统化的过程。指标体系的构建，有多种顺序，既可以自顶向下（从总目标开始逐步细化到基础指标），也可以自下而上（由基础指标开始逐步聚合到总目标），还可以从两个方向同时进

行，不管采用哪种顺序，指标体系的构建过程大体上包括理论准备、指标体系初建、指标筛选 3 个环节。

本研究以科学发展观为指导，遵循指标体系构建的目的性原则、系统性与层次性原则、科学性原则、可行性原则、以人为本原则，分理论与实证两个步骤构建区域体育事业发展水平评价指标体系。

在理论构建阶段，对相关研究结果进行综合，采用头脑风暴法与反头脑风暴法得到由 17 个指标构成的第一轮区域体育事业发展水平评价指标体系。

在实证阶段，将第一轮评价指标体系制作成体育事业发展水平评价指标选取专家调查问卷，对 100 名体育领域专家进行问卷调查，回收 95 份问卷，将赞同率低于 0.6 的指标剔除，结果"开展的竞赛数量""街道（乡镇）设有群众体育管理机构的比例"这两个评价指标被删除，剩下 15 个指标构成第二轮区域体育事业发展水平评价指标体系。其后采用区分度检验法对第二轮体系中各指标的区分度进行检验，剔除指标体系中区分度较小的指标，结果"国民体质监测达标率"的变异系数为 0.09，变异系数偏小，说明该指标对评价对象的区分能力很弱，因此将该指标从评价指标体系中删除，还剩下 14 个指标，由这 14 个指标构成第三轮，也是本研究最终的区域体育事业发展水平评价指标体系，如表 5 – 1 所示。

表 5 – 1 区域体育事业发展水平评价指标体系

评价目标	一级指标	二级指标	指标代码	取值单位	指标说明
区域体育事业发展水平	竞技体育	优秀运动员人数	Y_1	人	在队及待分优秀运动员人数
		等级运动员发展人数	Y_2	人	当年发展的二级及以上运动员人数
		等级教练员人数	Y_3	人	一、二、三线教练员人数
		运动成绩	Y_4	分	最近一届全运会综合得分
		体育后备人才数	Y_5	人	二、三线运动员数
		竞技体育经费投入	Y_6	万元	体育事业经费支出中体育竞赛费、体育训练费之和
	群众体育	每万人社会体育指导员数	Y_7	人/万人	公益与职业指导员之和
		每万人街道（乡镇）群众体育工作人员数	Y_8	人/万人	街道（乡镇）群众体育管理机构专职与兼职人员之和
		每万人晨、晚练站点数	Y_9	个/万人	指当年末累计站点总数
		每万人国民体质监测受测人员数	Y_{10}	人/万人	指国家级、省级、地市级、县区各级本年度参加国民体质测试的人数
		每万人体育社团组织数	Y_{11}	个/万人	单项运动项目、综合运动项目群众体育组织数之和

续表

评价目标	一级指标	二级指标	指标代码	取值单位	指标说明
区域体育事业发展水平	群众体育	每万人体育俱乐部会员数	Y_{12}	人/万人	青少年体育俱乐部、社区体育健身俱乐部、其他体育俱乐部人数之和
		人均群众体育经费投入	Y_{13}	元/人	体育事业经费支出中群众体育经费投入
		人均政府命名、援建各类群众体育场地投入	Y_{14}	元/人	政府命名、援建的群众体育地、全民健身中心、全民健身基地、体育公园、其他群众体育场地投入之和

二、数据来源

作者通过查阅体育事业统计年鉴（2010 年），搜集各省区市 2009 年表 5－1 所列所有二级指标的数据（有些指标需用多个指标计算得到），数据具有极强的可靠性、权威性，所有数据见表 5－2。

表 5－2　区域体育事业发展水平评价指标数据

省区市	Y_1	Y_2	Y_3	Y_4	Y_5	Y_6	Y_7
北京	1 024	1 784	686	1 753.00	10 563	8 581.40	19.96
天津	773	1193	523	1 081.50	5 054	2 720.30	13.95
河北	753	2 596	931	1 305.00	19 641	4 192.60	6.49
山西	339	1 084	717	567.00	10 939	9 340.00	8.27
内蒙古	885	800	415	422.75	15 242	7 025.70	15.61
辽宁	1 392	2 817	1 322	2 574.50	19 033	24 648.20	11.01
吉林	601	1 131	634	718.00	5 519	9 887.60	3.55
黑龙江	1 195	1 125	1 050	1 302.50	15 433	39 733.00	4.76
上海	952	1 641	1 078	2 547.25	12 628	52 337.10	13.29
江苏	1 351	3 036	983	2 679.00	25 935	67 034.40	19.49
浙江	889	2 408	781	1 515.00	20 746	17 964.60	20.70
安徽	623	1 997	687	736.50	13 737	6 590.40	3.78

续表

省区市	Y_1	Y_2	Y_3	Y_4	Y_5	Y_6	Y_7
福建	1 471	1 203	885	996.50	13 415	22 537.30	6.46
江西	583	354	623	464.00	9 325	8 638.30	3.64
山东	1 854	3 987	1 379	3 220.00	21 750	49 906.70	11.12
河南	774	3 408	818	783.00	21 671	10 812.50	5.00
湖北	652	1 508	866	848.00	14 326	6 051.70	5.74
湖南	550	1 537	800	756.50	17 017	10 640.50	5.79
广东	848	2 561	952	2 827.25	36 222	44 642.70	7.08
广西	582	1 039	629	413.75	16 438	9 841.20	11.46
海南	99	177	122	96.00	2 282	2 202.00	4.61
重庆	377	758	238	252.50	11 153	6 729.90	6.72
四川	1 124	3 516	1 090	1 563.50	42 411	16 717.90	6.76
贵州	220	451	110	212.75	10 530	3 998.10	3.22
云南	357	1 457	377	368.25	7 275	10 744.10	2.95
西藏	134	24	48	70.25	501	3 549.50	6.16
陕西	293	727	721	537.00	18 725	9 324.50	9.34
甘肃	552	1 099	457	317.25	11 350	7 163.30	6.14
青海	299	175	158	81.00	3 180	1 782.20	2.58
宁夏	379	276	152	154.00	1 681	2 218.00	5.77
新疆	435	501	498	341.00	11 181	18 111.60	4.91

省区市	Y_8	Y_9	Y_{10}	Y_{11}	Y_{12}	Y_{13}	Y_{14}
北京	1.28	3.38	0.39	0.22	268.27	3.81	12.49
天津	0.32	1.80	0.41	0.07	109.46	1.73	16.57
河北	0.61	1.65	0.17	0.16	24.65	0.61	13.65
山西	1.08	2.27	0.12	0.28	4.17	1.58	37.30
内蒙古	1.55	1.99	0.23	0.64	11.05	1.30	122.34
辽宁	1.11	2.26	0.16	0.26	630.23	0.92	30.47
吉林	1.25	3.04	0.10	0.42	533.42	0.69	48.64

续表

省区市	Y_8	Y_9	Y_{10}	Y_{11}	Y_{12}	Y_{13}	Y_{14}
黑龙江	0.85	1.52	0.01	0.21	21.79	0.84	9.02
上海	0.17	4.69	0.24	0.2	163.01	13.32	3.07
江苏	0.52	7.35	0.82	0.23	206.51	1.92	116.43
浙江	0.38	3.82	0.54	0.31	25.92	2.25	32.04
安徽	0.43	0.47	0.07	0.14	25.92	0.68	5.01
福建	0.70	1.59	0.06	0.25	64.21	3.56	17.32
江西	0.51	1.34	0.14	0.2	35.08	0.88	7.21
山东	0.70	4.00	0.09	0.13	27.07	0.49	101.86
河南	0.29	1.34	0.19	0.09	3.69	0.44	6.41
湖北	0.30	0.97	0.17	0.15	16.84	0.98	8.62
湖南	0.41	0.58	0.10	0.19	30.45	1.31	15.95
广东	0.44	2.60	0.24	0.14	43.49	1.30	69.07
广西	0.44	2.06	0.06	0.12	12.13	1.51	23.91
海南	0.53	2.78	0.28	0.44	9.45	1.27	23.25
重庆	0.58	1.32	0.09	0.18	10.46	1.50	37.44
四川	0.84	1.03	0.11	0.23	130.29	1.19	20.51
贵州	0.41	0.82	0.04	0.19	9.17	0.92	21.10
云南	0.49	1.24	0.12	0.19	5.91	0.72	22.03
西藏	0.07	0.12	0.04	0.1	16.48	3.55	10.72
陕西	0.61	1.30	0.11	0.28	7.05	1.18	14.57
甘肃	0.83	0.89	0.08	0.23	9.58	3.01	12.78
青海	0.60	1.17	0.09	0.18	5.28	1.84	12.35
宁夏	0.74	1.15	0.08	0.2	360.12	16.32	8.07
新疆	0.68	1.34	0.06	0.3	40.58	3.00	24.59

注：云南省"体育社团组织数"数据属奇异数据，用其 2009 数据×该指标全国增长率推算得出。

三、区域体育事业发展水平评价指标因子分析结果

用 SPSS 11.5 对反映体育事业发展水平的 14 个评价指标进行因子分析，具体设置为：用主成分分析法提取公因子，根据公因子特征值累计贡献率达 85% 以上这一原则确定提取 6 个公因子，对因子载荷矩阵进行方差最大正交旋转，采用回归计算法计算公因子得分，因子分析结果如表 5 – 3 至表 5 – 6。

表 5 – 3　KMO 检验和 Bartlett 球形检验

检验名称		取值
KMO 检验		0.683
Bartlett 球形检验	近似卡方值	338.609
	自由度	91
	相伴概率	0.000

表 5 – 4　变量共同度

变量名	初始共同度	提取公因子后共同度
优秀运动员人数	1.000	0.826
等级运动员发展人数	1.000	0.872
等级教练员人数	1.000	0.901
全运会综合得分	1.000	0.934
后备人才数	1.000	0.888
竞技体育经费投入	1.000	0.940
社会体育指导人员数	1.000	0.835
群众体育管理人员数	1.000	0.895
万人站点数	1.000	0.926
国民体质监测受测人员数	1.000	0.862
群众体育社团组织数	1.000	0.888
体育俱乐部会员数	1.000	0.911
群众体育经费投入	1.000	0.966
体育场地经费投入	1.000	0.864

表 5 - 5   公因子提取结果

公因子编号	初始公因子特征值及贡献			所提取公因子旋转后的特征值及贡献		
	特征值	贡献率	累积贡献率	特征值	贡献率	累积贡献率
公因子 1	6.116	43.683	43.683	4.210	30.071	30.071
公因子 2	2.254	16.098	59.781	2.282	16.302	46.373
公因子 3	1.660	11.855	71.635	1.981	14.147	60.520
公因子 4	1.270	9.072	80.708	1.690	12.070	72.590
公因子 5	0.695	4.967	85.674	1.223	8.738	81.328
公因子 6	0.513	3.664	89.339	1.122	8.011	89.339
公因子 7	0.448	3.201	92.540			
公因子 8	0.330	2.360	94.900			
公因子 9	0.271	1.932	96.832			
公因子 10	0.167	1.191	98.023			
公因子 11	0.127	0.908	98.932			
公因子 12	0.066	0.472	99.404			
公因子 13	0.047	0.339	99.743			
公因子 14	0.036	0.257	100.000			

表 5 - 6   公因子得分

省区市	公因子 1 得分	公因子 2 得分	公因子 3 得分	公因子 4 得分	公因子 5 得分	公因子 6 得分
北京	-0.105 3	2.742 1	0.510 5	-1.608 1	1.572 7	-0.044 5
天津	-0.755	0.838 7	-1.292 2	-0.271 4	0.850 1	-0.744 6
河北	0.801 7	-0.308 6	-0.303	-0.859 8	-0.121 2	-0.536 8
山西	-0.339 2	-0.215 2	0.938 1	-0.057 4	-0.283 8	-0.229 8
内蒙古	-0.453 4	0.435 6	3.983 5	0.450 1	-1.417 7	-0.143 4
辽宁	1.483 3	-0.587 4	0.560 6	-0.197 1	3.291 6	-0.515 1
吉林	-0.709 5	-0.677 8	1.336 7	0.664 1	2.744 4	-0.884 7
黑龙江	0.932	-1.569 2	0.127 5	0.711 6	-0.076 5	0.340 6
上海	0.527 3	0.934 4	-1.032 7	1.109 5	0.004	3.434 9

续表

省区市	公因子1得分	公因子2得分	公因子3得分	公因子4得分	公因子5得分	公因子6得分
江苏	0.373 1	2.872 1	- 0.362 6	2.704 8	0.097 1	- 0.546 8
浙江	0.227 2	1.711 6	0.238 2	- 0.260 2	- 0.787	0.057 2
安徽	0.254	- 0.755	- 0.728	- 0.656 3	- 0.086 8	- 0.489 8
福建	0.694 1	- 1.012 4	0.317	0.255 7	- 0.013 4	0.782 6
江西	- 0.517 8	- 0.328 4	- 0.475 1	- 0.144 1	- 0.008 7	- 0.312 1
山东	1.883	- 0.646 8	- 0.249 7	2.473 4	0.069 5	- 0.694 2
河南	0.870 9	- 0.040 4	- 1.137 2	- 1.012 5	- 0.408 7	- 0.683 9
湖北	0.214 1	- 0.492 5	- 0.793 6	- 0.491 6	- 0.224 2	- 0.335 5
湖南	0.285 2	- 0.426	- 0.373 1	- 0.611 9	- 0.496 3	- 0.134 4
广东	1.505	- 0.311 7	- 0.398 3	1.101 3	- 1.100 2	0.020 6
广西	- 0.391 6	1.203 3	- 0.688	- 0.688 5	- 0.470 7	- 0.431 3
海南	- 1.742 9	- 0.227 8	0.626 7	0.759 7	- 0.439	- 0.275 8
重庆	- 0.895 7	- 0.063 2	- 0.168 6	0.061 2	- 0.429 8	- 0.490 3
四川	2.371 2	0.344 4	0.689 3	- 2.176 1	- 0.833 7	0.146 1
贵州	- 1.067 7	- 0.551 1	- 0.461 5	0.055 9	- 0.455 1	- 0.518 7
云南	- 0.708 3	- 0.392 7	- 0.583 4	0.160 8	- 0.157 6	- 0.674 1
西藏	- 1.651 7	- 0.308	- 1.409 8	0.152 1	- 0.145 1	- 0.011 5
陕西	- 0.105	0.077 8	0.415 9	- 0.772 2	- 0.892 3	0.044 4
甘肃	- 0.236 2	- 0.431	0.387	- 0.655 1	- 0.381 9	0.273 8
青海	- 1.304 5	- 0.579 7	- 0.427 6	0.112 3	0.022 1	- 0.360 9
宁夏	- 0.959 1	- 0.522 1	0.28	- 0.589	1.112 1	3.478 9
新疆	- 0.479 4	- 0.712 7	0.473 5	0.279	- 0.533 8	0.479 1

由表 5 - 3 知 KMO 检验统计量 = 0.683，Bartlett 球形检验的相伴概率小于 0.001，这皆说明对反映体育事业发展水平的 14 个评价指标进行因子分析是可行的。

由表 5 - 4 可知反映体育事业发展水平的 14 个评价指标的共同度皆在 0.8 以上，绝大部分在 0.85 以上，说明所提取的公因子对 14 个评价指标变异的解释能力很好。

根据公因子特征值累积贡献率达到 85% 以上这一确定提取公因子数目的原则，

确定提取 6 个因子, 表 5 - 5 给出了公因子提取结果, 所提 6 个公因子特征值的累积贡献率达 89.339%, 也就是说这 6 个公因子已可以解释原 14 个指标 89.339% 的变异。

表 5 - 6 为各省区市体育事业在所提取 6 个公因子上的公因子得分。

四、我国 31 个省区市体育事业发展水平评价

由表 5 - 5 知从反映体育事业发展水平的 14 个指标中所提取 6 个公因子旋转后的特征值分别为 4.210、2.282、1.981、1.690、1.223、1.122, 对它们进行归一化处理得到 6 个公因子的归一化权重, 见表 5 - 7。

表 5 - 7   体育事业发展水平公因子权重

公因子编号	特征值	归一化权重
公因子 1	4.210	0.3366
公因子 2	2.282	0.1824
公因子 3	1.981	0.1584
公因子 4	1.690	0.1351
公因子 5	1.223	0.0978
公因子 6	1.122	0.0897

因此, 体育事业发展水平评价模型为:

$$Z = 0.3366 \times F1 + 0.1824 \times F2 + 0.1584 \times F3 + 0.1351 \times F4$$
$$+ 0.0978 \times F5 + 0.0897 \times F6 \tag{5-1}$$

公式 (5 - 1) 中, Z 为体育事业发展水平综合评分, $F1$、$F2$、$F3$、$F4$、$F5$、$F6$ 分别为公因子 1、公因子 2、公因子 3、公因子 4、公因子 5、公因子 6 的得分。

将表 5 - 6 中各省区市在公因子 1、公因子 2、公因子 3、公因子 4、公因子 5、公因子 6 上的得分代入公式 (5 - 1) 可得 31 个省区市体育事业发展水平综合评分, 结果见表 5 - 8。

表5-8　我国31个省区市2009年体育事业发展水平综合评分、排名及区域分布

省区市	体育事业综合评分	排名	区域	省区市	体育事业综合评分	排名	区域	省区市	体育事业综合评分	排名	区域
江苏	0.917 9	1	东	吉林	0.128	12	中	湖北	-0.261 9	22	中
山东	0.755	2	东	河北	-0.010 6	13	东	安徽	-0.308 6	23	中
辽宁	0.73	3	东	宁夏	-0.032 5	14	西	天津	-0.326 2	24	东
上海	0.642 7	4	东	山西	-0.061	15	中	江西	-0.357 8	25	中
四川	0.607 7	5	西	河南	-0.132 5	16	中	重庆	-0.417 6	26	西
北京	0.478 1	6	东	陕西	-0.142 9	17	西	云南	-0.456 6	27	西
内蒙古	0.467 1	7	西	湖南	-0.184 1	18	中	海南	-0.494	28	东
广东	0.429 7	8	东	新疆	-0.187 9	19	西	贵州	-0.616 5	29	西
浙江	0.319 4	9	东	甘肃	-0.198 1	20	西	青海	-0.627 6	30	西
福建	0.202 6	10	东	广西	-0.199	21	西	西藏	-0.830 1	31	西
黑龙江	0.166 9	11	中								

按各省区市所属东、中、西部区域进行分类，东、中、西部区域所包含省区市体育事业发展水平如表5-9所示。

表5-9　东、中、西部区域所包含省区市体育事业发展水平

区域名称	综合评分平均值	排名前10位的省区市数	排名11~21的省区市数	排名后10位的省区市数
东部	0.331 3	8（72.7%）	1（9.1%）	2（18.2%）
中部	-0.126 4	0（0%）	5（62.5%）	3（37.5%）
西部	-0.219 5	2（16.6%）	5（41.7%）	5（41.7%）

注：括号内数据为占区域内行政区数的比例。

由表5-9可知，不管从东、中、西部所包括行政区体育事业发展水平综合评分的平均值来看，还是从排名分布来看，都显现出体育事业发展水平东部省份比中部好、中部比西部好的特点。

五、结论

  本研究以科学发展观为指导，遵循评价指标体系构建原则，广泛借鉴相关研究结果，分理论与实证两个步骤，采用头脑风暴法与反头脑风暴法、专家调查法、区分度分析法等多种方法构建了区域体育事业发展水平评价指标体系。

  运用基于因子分析综合评价模型对我国 31 个省区市 2009 年体育事业发展水平进行评价，评价结果显示：不管从东、中、西部所包括行政区体育事业发展水平综合评分的平均值来看，还是从排名分布来看，都显现出东部比中部好、中部比西部好的特点。

第六章　对划船训练成绩的
关联分析与评价 ①

在划船运动训练中，运动员水上划 8 个 800m，教练员测得了每个运动员的成绩和划完全程的总桨数，希望根据测得的数据给每个运动员一个评价。但由于这是训练课，不是正式比赛，教练员更注重运动员的技术动作规范和质量、频率节奏的控制等技术质量要求，不愿单凭成绩的好坏给予评价。也就是说，成绩好的运动员的名次不一定排在成绩差运动员的前面。不用成绩，那么采用什么方法给予每个运动员一个评价呢？本研究选取能综合反映划船成绩的若干指标，根据这些指标给运动员的训练课测试成绩（下称训练课成绩）进行综合评价。所选用的指标应该具有如下两个特点：第一，能综合反映划船的成绩；第二，指标易于测试。

一、影响划船成绩的因素分析

众所周知，影响划船成绩的因素是多方面的，有自然环境的影响（如风浪、气温等），有运动员本身内在因素的影响（如运动员的技术水平、身体素质等），如果是多人划还有运动员间的相互配合等，总而言之，影响划船成绩的因素是多方面的、复杂的，但这众多因素对成绩的影响最后都反映在以下两个指标中：一个指标是每划一桨船前进的平均距离；另一指标是单位时间内所划桨数，即划桨的频率（以下简称前者为每桨划距，后者为桨频）。

事实上，如果顺风划，运动员的技术好、力量大、耐力好，那每桨划距肯定长，成绩当然要好；相反成绩会差。在同等条件下，划桨的频率快，成绩也会好，反之

---

① 本章主体内容源自：刘慧泉，何国民，汪福宁，等. 对划船运动训练成绩的综合评价 [J]. 武汉体育学院学报，1994，106（3）：73 – 75.

成绩则差。总之，我们认为，每桨划距和桨频这两个指标是反映划船成绩好坏最为直接的指标，其他所有内在的、外在的因素对划船成绩的影响最终都将综合地反映在这两个指标中，也就是说这两个指标能综合地反映划船成绩。同时这两个指标又是极易测试到，只需测出成绩和划完全程的桨数，就能把它们计算出来。

二、每桨划距、桨频与划船成绩的关联分析

（一）关联度的计算

关联分析中有多个数列，其中第一个数列为参考数列，其余数列为比较数列，现设有 $m+1$ 个数列，每个数列有 n 个元素，如下所示。

$$X_0 = (X_{01}, X_{02}, \cdots\cdots, X_{0n})$$
$$X_1 = (X_{11}, X_{12}, \cdots\cdots, X_{1n})$$
$$\cdots\cdots$$
$$X_m = (X_{m1}, X_{m2}, \cdots\cdots, X_{mn})$$

上述数列中，X_0 为参考数列，X_i（$i=1, 2, \cdots, m$）为比较数列。

关联分析实质上是对多个数列发展变化态势的分析与比较，两个数列发展变化态势越接近，则关联程度越大，关联程度的大小用关联度表示。

比较数列与参考数列的关联度计算方法与公式如下：

第1步：将各数列初值化。用每一个数列的第一个数除本数列其他各数，这样使数列无量纲化，不失一般性，初值化后的数列仍用前述的 X_i（$i=0, 1, 2, \cdots, m$）表示。

第2步：按下式计算各比较数列与参考数列在各点的差。

$$d_{ik} = \frac{\min\limits_i \min\limits_k |x_{0k} - x_{ik}| + 0.5 \max\limits_i \max\limits_k |x_{0k} - x_{ik}|}{|x_{0k} - x_{ik}| + 0.5 \max\limits_i \max\limits_k |x_{0k} - x_{ik}|} \quad (i = 1, 2, \cdots, m; k = 1, 2, \cdots, n)$$

式中，d_{ik} 是第 i 个数列在第 k 时刻与比较数列 X_0 的相对差值。

第3步：按下式计算各比较数列 X_i 与参考数列 X_0 的关联度。

$$r_i = \frac{1}{n} \sum_{k=1}^{n} d_{ik}, \quad (i = 1, 2, \cdots, m)$$

上式中，r_i 即为比较数列 X_i 与参考数列 X_0 的关联度。

（二）每桨划距、桨频与划船成绩的关联分析

在某皮艇运动队的训练中，教练员在一次水上训练课中，测得 9 名运动员划 8 次 500m 的成绩和每次划完全程的总桨数，计算出每个运动员每次 500m 划的每桨划距、桨频（表 6 - 1）。

以每个运动员的成绩作为参考数列，桨频、每桨划距作为比较数列，经过初值化处理后可计算出每个运动员的桨频和每桨划距与成绩的关联度，结果见表 6 - 2。

表 6 - 1　9 名运动员 500×8 成绩表

运动员编号	类别	第1次	第2次	第3次	第4次	第5次	第6次	第7次	第8次
1	成绩	2'11″	2'15″	2'14″	2'13″	2'12″	2'11″	2'14″	2'19″
	总桨数	152	151	154	150	147	150	148	151
	每桨划距（米/桨）	3.29	3.31	3.25	3.33	3.40	3.33	3.38	3.31
	桨频（桨/分钟）	69.62	67.11	68.96	67.67	66.82	68.70	66.27	65.18

注：2~9 数据略。

表 6 - 2　每桨划距、桨频与成绩的关联度

运动员编号	1	2	3	4	5	6	7	8	9	平均
桨频与成绩关联度	0.421 8	0.423 5	0.419 5	0.427 5	0.431 8	0.433 2	0.433 2	0.421 9	0.420 4	0.425 9
每桨划距与成绩关联度	0.978 1	0.977 8	0.970 2	0.975 0	0.983 6	0.976 4	0.975 6	0.988 5	0.978 8	0.977 6

从关联度的计算结果不难发现每个运动员都是每桨划距与成绩的关联度大，桨频与成绩的关联度次之。这说明每桨划距对成绩的影响大，而桨频对成绩的影响小，这一结论告诉我们在划船的运动训练中应注意提高每桨划距的训练，也就是要注重运动员的技术动作规范和质量。

三、对运动员训练课成绩的综合评价

（一）评价指标的权重

根据每桨划距和桨频对运动员的训练课成绩进行综合评价，首先必须确定两指标的权重。确定权重的方法有很多，这里我们将尝试一种新的确定权重方法，即用每桨划距、桨频与划船成绩的关联度来确定它们各自的权重。

前面的关联分析结果告诉我们，每桨划距对成绩的影响大，而桨频对成绩的影响小，反映在综合评价就是它们的权重应有所不同，这里我们将 9 名运动员桨频、每桨划距与成绩的关联度的平均值归一化后所得值作为综合评价的权重，即：

桨频的权重 = 0.425 1／（0.425 1 + 0.977 5）＝ 0.303 0

每桨划距的权重 = 0.977 5／（0.425 1 + 0.977 5）＝ 0.697 0

（二）评价步骤

依据桨频、每桨划距对运动员训练课成绩进行综合评定，评定的步骤如下：

第 1 步，在训练课中测出运动员每次划船的成绩和划完全程的总桨数，根据所测数据求出每个运动员的平成绩、平均桨频、平均每桨划距。

第 2 步，按本研究第 2 部分中提供的方法计算出桨频、每桨划距与成绩的关联度。

第 3 步，按上文的方法求出桨频、每桨划距的权重。

第 4 步，根据下面的公式分别把每个运动员的平均桨频、平均每桨划距转化为百分，目的是化有量纲的量为无量纲的量。

$$Z = 50 + \frac{x - \bar{x}}{6\delta} \times 100$$

其中 x 代表某运动员的平均桨频或平均每桨划距，$\bar{x}$、δ 分别代表所测试的所有运动员的桨频或每桨划距的平均值、标准差，Z 代表转化后的百分。

第 5 步，用每个运动员的桨频百分、每桨划距百分分别乘以各自的权重，两者和即为该运动员的综合得分。

（三）对 9 名运动员的评价结果与反馈

用上述方法对 9 名运动员进行综合评价，结果见表 6 - 3。

表 6 - 3 对运动员训练成绩的综合评价结果

运动员编号	平均成绩/分	平均桨频/（桨/分）	平均桨距/（米/桨）	桨频得分（百分制）	每桨划距得分（百分制）	综合评分（百分制）	名次
1	2.227	67.540	3.326	53.735	66.519	62.646	1
3	2.279	65.378	3.359	40.603	70.911	61.728	2
2	2.235	71.128	3.146	75.529	42.537	52.533	3
7	2.390	63.672	3.287	30.242	61.394	51.955	4
4	2.315	67.196	3.217	51.641	52.050	51.926	5
6	2.360	65.414	3.248	40.818	56.211	51.547	6
9	2.469	62.585	3.237	23.639	54.654	45.256	7
5	2.354	69.886	3.042	67.985	28.647	40.567	8
8	2.438	69.528	2.956	65.808	17.076	31.842	9

上述评价结果中，3 号运动员比 2 号运动员的成绩要慢，桨频也慢些，但 3 号运动的每桨划距要比 2 号运动员的长 0.213m，每桨划距长说明 3 号运动员在动作技术的质量上、划桨的力量上要比 2 号运动员强。每桨划距又是影响划船成绩的主要因素，这样虽然 2 号运员的成绩比 3 号运动员的成绩好一点，但综合评价的结果是 3 号的名次列前。另外，7 号与 4 号、6 号与 5 号相比存在同样的情况。那么是否可以说每桨划距长，其名次一定列在前呢？回答是否定的。这只需拿 2 号运动员与 7 号运动员相比就可以看出，7 号运动员的每桨划距要比 2 号运动员的长，但名次却落后了。这是由于 7 号的桨频比 2 号的要慢，7 号的每桨划距虽比 2 号的长，但与 2 号相比补偿不了其桨频慢的损失，这从他们的成绩就可以看出，2 号要比 7 号快，所以评价的结果 2 号的名次在 7 号之前。

将上述评价结果反馈给教练员，得到了教练员的肯定，认为此方法解决了他们训练中的实际问题。

四、结论

（1）每桨划距与成绩的关联度大于桨频与成绩的关联度，这说明划船中每桨划距对成绩的影响是主要的，这一结论要求教练员在划船的运动训练中应注意提高每桨划距的训练。

（2）根据桨频、每桨划距对划船训练课成绩进行综合评价的方法，简单易行，只需用训练中的一般测试数据就可以实施评价。将评价结果反馈给教练员，得到了教练员的肯定，认为此方法解决了他们训练中的实际问题。

（3）本研究提出的用评价指标与一核心指标的关联度确定评价指标权重的方法可以推广到其他有关项目的训练成绩评价中去。

附录

附录1：区域体育事业发展水平评价指标选取专家问卷

区域体育事业发展水平评价指标选取专家问卷

尊敬的专家、教授：

您好！我正在进行区域体育事业（群众体育与竞技体育）与经济协调发展评价的研究，需要对区域体育事业发展水平进行评价，以下是我初步建立的评价区域体育事业发展水平的指标体系。

区域体育事业发展水平评价指标体系

评价目标	一级指标	二级指标	取值单位	指标说明
区域体育事业发展水平	竞技体育	优秀运动员人数	人	在队及待分优秀运动员人数
		等级运动员发展人数	人	当年发展的二级及以上运动员人数
		等级教练员人数	人	一、二、三线教练人数
		运动成绩	分	最近一届全国运动会综合得分
		体育后备人才人数	人	二、三线队员数
		开展的竞赛数量	次	按国家体育总局计划安排开展的竞赛数与计划外开展的新增竞赛数之和
		竞技体育经费投入	万元	体育事业经费支出中体育竞赛费、体育训练费之和
	群众体育	每万人社会体育指导员数	人/万人	公益与职业指导员每万人人数之和
		街道（乡镇）设有群众体育管理机构的比例	%	已设群众体育工作管理机构街道（乡镇）数与行政辖区内街道和乡镇总数之比

续表

评价目标	一级指标	二级指标	取值单位	指标说明
区域体育事业发展水平	群众体育	每万人街道（乡镇）群众体育工作人员数	人/万人	每万人街道（乡镇）群众体育管理机构专职与兼职人员之和
		每万人晨、晚练站点数	个/万人	当年末累计站点总数
		每万人国民体质监测受测人员数	人/万人	本年度每万人参加国家级、省级、地市级、县区各级国民体质测试的人数
		国民体质监测达标率	%	当年测试达标人员数与受测人员数之比
		每万人体育社团组织数	个/万人	每万人单项运动项目、综合运动项目群众体育组织数之和
		每万人体育俱乐部会员数	人/万人	每万人青少年体育俱乐部、社区体育健身俱乐部、其他体育俱乐部会员数之和
		人均群众体育经费投入	元/人	体育事业经费支出中群众体育经费人均投入
		人均命名援建各类群众体育场地资金投入	元/人	政府命名、援建的群众体育场地、全民健身中心、全民健身基地、体育公园、其他群众体育场地人均投入之和

请根据您的知识与经验对上述指标体系发表你的意见：

1. 您认为上述指标体系总体结构怎样？

    合理 □   基本合理 □   不合理 □

2. 您认为评价指标体系分群众体育与竞技体育两个一级指标合理吗？

    合理 □   基本合理 □   不合理 □

3. 请您对每个二级指标逐一进行判断，认为应该保留的请在同意保留栏内打√，不同意保留的请在不同意栏内打√。如需增加新指标，请在相应位置填写新指标名称。

区域体育事业发展水平评价指标体系

评价目标	一级指标	二级指标	同意保留	不同意保留
体育事业	竞技体育	优秀运动员人数		
		等级运动员发展人数		
		等级教练员人数		
		运动成绩		
		体育后备人才人数		
		开展的竞赛数量		
		竞技体育经费投入		
		竞技体育需要增加的新指标：		
	群众体育	每万人社会体育指导员数		
		街道（乡镇）设有群众体育管理机构的比例		
		每万人街道（乡镇）群众体育工作人员数		
		每万人晨、晚练站点数		
		每万人国民体质监测受测人员数		
		国民体质监测达标率		
		每万人体育社团组织数		
		每万人体育俱乐部会员数		
		人均群众体育经费投入		
		人均命名援建各类群众体育场地资金投入		
		群众体育有需要增加的新指标：		

您的基本情况：

职称：正高 □   副高 □   中级 □   其他 □

学位：博士 □   硕士 □   学士 □   其他 □

是否研究生导师：

不是 □   硕士生导师 □   博士生导师 □

感谢您对本研究工作的支持。

武汉体育学院：何国民

2010 年 11 月

附录2：用德尔菲法确定指标权重的专家调查问卷

关于确定区域体育事业发展水平评价指标权重的专家调查问卷

尊敬的专家：

您好！我们在进行区域体育事业发展水平评价研究，以下是我们已构建好的评价指标体系。

区域体育事业发展水平评价指标体系

评价目标	一级指标	二级指标	取值单位	指标说明
区域体育事业发展水平	竞技体育	优秀运动员人数	人	在队及待分优秀运动员人数
		等级运动员发展人数	人	当年发展的二级及以上运动员人数
		等级教练员人数	人	一、二、三线教练人数
		运动成绩	分	最近一届全国运动会综合得分
		体育后备人才人数	人	二、三线队员数
		竞技体育经费投入	万元	体育事业经费支出中体育竞赛费、体育训练费之和
	群众体育	每万人社会体育指导员数	人/万人	公益与职业指导员每万人人数之和
		每万人街道（乡镇）群众体育工作人员数	个/万人	每万人街道（乡镇）群众体育管理机构专职与兼职人员之和
		每万人晨、晚练站点数	个/万人	当年末累计站点总数
		每万人国民体质测试工作人员数	人/万人	国家级、省级、地市级、县区各级测试队的技术人员和在测试中进行服务的人员总数
		每万人体育社团组织数	人/万人	每万人单项运动项目、综合运动项目群众体育组织数之和
		每万人体育俱乐部会员数	人/万人	每万人青少年体育俱乐部、社区体育健身俱乐部、其他体育俱乐部会员数之和
		人均群众体育经费投入	元/人	体育事业经费支出中群众体育经费人均投入
		人均命名援建各类群众体育场地投入	元/人	政府命名、援建的群众体育场地、全民健身中心、全民健身基地、体育公园、其他群众体育场地人均投入之和

现在需确定评价指标体系中各指标的权重，您是这方面的专家，请您根据各指标对区域体育事业发展水平重要性程度给指标体系中各指标赋予你认为合适的权重。

1. 给两个一级指标赋予权重（您所给的两个权重之和要等于1）。

指标名称	权重
竞技体育	
群众体育	

2. 给竞技体育所包含的 6 个二级指标赋予权重（所给的 6 个权重之和要等于1）。

指标名称	权重
优秀运动员人数	
等级运动员发展人数	
等级教练员人数	
运动成绩	
体育后备人才人数	
竞技体育经费投入	

3. 给群众体育所包含的 8 个二级指标赋予权重（所给的 8 个权重之和要等于1）。

指标名称	权重
每万人社会体育指导员数	
每万人街道（乡镇）群众体育工作人员数	
每万人晨、晚练站点数	
每万人国民体质测试工作人员数	
每万人体育社团组织数	
每万人体育俱乐部会员数	
人均群众体育经费投入	
人均命名援建各类群众体育场地投入	

您的基本情况：

职称：正高 □　副高 □　中级 □　其他 □

学位：博士 □　硕士 □　学士 □　其他 □

是否研究生导师：

不是 □　硕士生导师 □　博士生导师 □

衷心感谢您百忙之中抽出时间进行本次调查！

祝您：工作顺利，身体健康！

《区域体育事业发展水平评价研究》研究小组

2017 年 7 月

附录3：用层次分析法确定指标权重的专家调查问卷

关于确定大学生体质健康评价指标权重的专家调查问卷

尊敬的专家：

您好！我们在进行大学生体质健康评价研究，以下是我们已构建好的大学一年级男生体质健康评价指标体系。

大学一年级男生体质健康评价指标体系

评价目标	一级指标	二级指标
大学一年级 男生体质健康	身体形态	BMI
	身体机能	肺活量
	身体素质	50m 跑
		坐位体前屈
		立定跳远
		引体向上
		1 000m 跑

现在需确定评价指标体系中各指标的权重，您是这方面的专家，请您对指标体系中各指标的重要性进行比较，将比较结果填入下列各表格相应位置。

1. 对3个一级指标重要性进行两两比较（在表格空格处打"√"）。

比较对象	极其 重要	十分 重要	明显 重要	稍微 重要	同等 重要	稍微 不重要	明显 不重要	十分 不重要	极其 不重要
身体形态 与身体机能相比									
身体形态 与身体素质相比									
身体机能 与身体素质相比									

2. 对身体素质所包含5个二级指标重要性进行两两比较（在表格空格处打"√"）。

比较对象	极其 重要	十分 重要	明显 重要	稍微 重要	同等 重要	稍微 不重要	明显 不重要	十分 不重要	极其 不重要
50m 跑 与坐位体前屈相比									
50m 跑 与立定跳远相比									
50m 跑 与引体向上相比									
50m 跑 与 1 000m 跑相比									
坐位体前屈 与立定跳远相比									
坐位体前屈 与引体向上相比									
坐位体前屈 与 1 000m 跑相比									
立定跳远 与引体向上相比									
立定跳远 与 1 000m 跑相比									
引体向上 与 1 000m 跑相比									

您的基本情况：

职称：正高 □　副高 □　　中级 □　　其他 □

学位：博士 □　硕士 □　　学士 □　　其他 □

是否研究生导师：

不是 □　硕士生导师 □　博士生导师 □

衷心感谢您百忙之中抽出时间进行本次调查！

祝您：工作顺利，身体健康！

《大学生体质健康评价研究》研究小组

2017 年 7 月

参考文献

[1] 邱东，汤光华. 对综合评价几个阶段的再思考 [J]. 统计教育，1997 (4)：25 - 27.

[2] 杨青，卢浩. 我国经济与社会保障协调发展的综合评价研究 [C] //. 第四届中国社会保障论坛，2010.

[3] 朱迎春. 区域"高等教育—经济"系统协调发展研究 [D]. 天津：天津大学，2009：109 - 110.

[4] 李远远. 基于粗糙集的指标体系构建及综合评价方法研究 [D]. 武汉：武汉理工大学，2009：21.

[5] 邱东. 多指标综合评价方法的系统分析 [M]. 北京：中国统计出版社，1991：99 - 112.

[6] 张尧庭. 几种选取部分代表性指标的统计方法 [J]. 统计研究，1990 (1)：78 - 80.

[7] 王庆石. 统计指标间信息重迭的消减办法 [J]. 财经问题研究，1994 (1)：57 - 61.

[8] 王铮. 谈建立评估指标体系的综合回归法 [J]. 数学与管理，1988 (3)：99 - 102.

[9] 翟忠和. 科技人员科研水平评估的研究 [J]. 系统工程理论与实践，1999 (11)：51 - 54.

[10] 赵丽萍，徐维军. 综合评价指标的选择方法及实证分析 [J]. 宁夏大学学报：自然科学，2002 (2)：144 - 146.

[11] 王璐，包革军，王雪峰. 综合评价指标体系的一种新的建构方法 [J]. 统计与信息论坛，2002 (6)：41 - 44.

[12] 苏为华. 统计指标理论与方法研究 [M]. 北京：中国物价出版社，1998：99 - 107.

[13] 郝奕，张强. 基于 Vague 集和属性综合评价的股票投资价值分析方法

［J］. 中国管理科学，2005（2）：15－21.

［14］李崇明，丁烈云. 复杂系统评价指标的筛选方法［J］. 统计与决策，2004（9）：8－9.

［15］陈海英，郭巧，徐力. 基于神经网络的指标体系优化方法［J］. 计算机仿真，2004（7）：107－109.

［16］蔡炜凌，黄元生. 基于信息熵供应链评价指标约简的研究［J］. 科技创新导报，2007（36）：174，176.

［17］陈洪涛，周德群，黄国良. 基于粗糙集理论的企业效绩评价指标属性约简［J］. 计算机应用研究，2007（12）：109－111.

［18］丁雷，车彦巍. 粗糙集方法在优化煤炭企业信息化评价指标体系中的应用［J］. 中国煤炭，2008（1）：35－36.

［19］安儒亮，张军，姜健. 中国群众体育事业统计指标体系研究［J］. 西安体育学院学报，2010（6）：652－656.

［20］王景波. 我国体育发展指标体系与评价方法研究［J］. 武汉体育学院学报，2008（8）：17－21.

［21］权德庆，徐文强，安儒亮，等. 中国体育事业统计体系研究［J］. 体育科学，2009（11）：15－22.

［22］马立骥. 心理评估学［M］. 合肥：安徽大学出版社，2004：78.

［23］王重鸣. 心理学研究方法［M］. 北京：人民教育出版社，2001：130－134.

［24］王道平，王煦. 基于 AHP/熵值法的钢铁企业绿色供应商选择指标权重研究［J］. 软科学，2010（8）：117－122.

［25］王维国，杨晓华. 我国经济与人口素质协调发展分析［J］. 河北经贸大学学报，2005（5）：25－30.

［26］朱迎春. 区域"高等教育—经济"系统协调发展研究［D］. 天津：天津大学，2009：115－117.

［27］邱皓政. 量化研究与统计分析［M］. 重庆：重庆大学出版社，2009：328，331.

［28］柴萍. 我国体育产业政策应用研究［J］. 北京体育大学学报，2010，33（12）：27－28.

［29］张林玲. 基于钻石模型的我国体育产业政策体系研究［J］. 成都体育学

院学报，2011（2）：24-28.

［30］于澎田. 基于灰色分析和模糊评价的高新技术产业政策效力评估——以黑龙江省为例［J］. 科技与管理，2007，44（4）：38-42.

［31］程林林，黄旭. 四川省体育产业化驱动力的计量模型及产业政策评价［J］. 成都体育学院学报，2005，31（6MYM）：22-27.

［32］林建君，李文静. 我国体育产业政策效应评价［J］. 体育科学，2013，33（2）：22-29.

［33］杨京钟，吕庆华，易剑东，等. 体育用品产业政策效率的影响因素：来自福建泉州的证据［J］. 体育科学，2012，32（2）：50-57.

［34］吴香芝. 我国体育服务产业政策执行与评价研究［J］. 成都体育学院学报，2011，37（11）：5-10.

［35］吴香芝，张林. 我国体育服务产业政策执行效果及影响因素研究［J］. 中国体育科技，2013，49（4）：113-123.

［36］陈振明. 公共政策分析［M］. 北京：中国人民大学出版社，2008.

［37］邓大松，徐芳. 当前中国社区教育政策的执行过程：基于史密斯模型的分析［J］. 武汉大学学报：哲学社会科学版，2012（7）：5-12.

［38］高晓霞. 日本大学生就业促进政策执行过程研究：基于史密斯模型的分析［J］. 南京师范大学学报：哲学社会科学版，2009（11）：109-116.

［39］谭文立. 开平市新型农村社会养老保险制度执行问题研究：基于史密斯模型的视角［D］. 广州：华南理工大学，2013.

［40］李琦. 史密斯模型视角下城市流浪乞讨人员救助政策问题研究［D］. 沈阳：辽宁大学，2012.

［41］白志华. 我国城市房屋征收补偿政策研究：基于史密斯模型的实证分析［D］. 上海：华东师范大学，2012.

［42］赵晶晶. 我国大学生村官政策的评估与完善：以史密斯模型为视角［J］. 行政事业资产与财务，2012（1）：49-52.

［43］袁春梅，杨依坤. 我国体育产业政策的要素分析与内容解读［J］. 成都体育学院学报，2013（10）：7-11.

［44］郭亚军. 综合评价方法与运用［M］. 北京：科学出版社，2002.

［45］杨纶标，高英仪. 模糊数学原理及应用［M］. 广州：华南理工大学出版社，2006.

［46］姜启源. 数学模型［M］. 北京：高等教育出版社，2005.

［47］广东省统计局. 2007 年广东省投入产出表［M］. 北京：中国统计出版社，2010.

［48］程理民，吴江，张玉林. 运筹学模型与方法教程［M］. 北京：清华大学出版社，2000.

［49］中共广东省委宣传部. 广东省建设文化强省规划纲要（2011—2020）［N］. 南方都市报，2010 – 07 – 30（A24）.

［50］国家统计局. 2008 年中国统计年鉴［M］. 北京：中国统计出版社，2009.

［51］侯艳红. 文化产业投入绩效评价研究［D］. 天津：天津工业大学，2008：31 – 36.

［52］PRAHALAD C K, HAMEL G. The core competence of thecorporation［J］. Harvard Business Review，1990（5 – 6）：79 – 91.

［53］MEYER M H, UTTERHACK J M. The product family and thedynamics of core capability［J］. SloanManagementRe – view，1993（Spring）：29 – 47.

［54］王毅，陈劲，许庆瑞. 企业核心能力：理论溯源与逻辑结构剖析［J］. 管理科学学报，2000，3（3）：24 – 32.

［55］李怡靖. 知识经济时代企业核心能力的培养与知识管理［J］. 经济问题探索，2003（5）：37 – 40.

［56］EAKINS S G, STANSELL S R. Can value – based stock se – lection criteria yield superior risk – adjusted returns：anapplication of neural networks［J］. International Review of Financial Analysis，2003，12（1）：83 – 97.

［57］HIPPERT H S, BUNN D W, SOUZA R C. Large neural net – works forelectricity load forecasting：are they overfitted? ［J］. International Journal of Forecasting，2005，21（3）：425 – 434.

［58］NARENDRA K S, PARTHASARATHY K. Identification and con – trol of dynamical systems using neural networks［J］. IEEE Trans NeuralNetworks，1999，3（1）：4 – 27.

［59］SHINTANI M, LINTON O. Nonparametric neural networkestimation of Lyapunov exponents and a direct test forchaos［J］. JournalofEconometrics，2004，120（1）：1 – 33.

［60］GHIASSI M, SAIDANE H, ZIMBRA D K. A dynamic artifi – cial neural network model for forecasting time series e – vents ［J］. International Journal of Forecasting, 2005, 21 (2): 341 – 362.

［61］SHAPIRO A F. Themerging ofneuralnetworks, fuzzy log – ic, and genetic algorithms ［J］. Insurance: Mathematicsand Economics, 2002, 31 (1): 115 – 131.

［62］CALDERON T G, CHEH J J. A roadmap for future neuralnet – works research in auditing and risk assessment ［J］. In – ternational Journal ofAccounting Information Systems, 2002, 3 (4): 203 – 236.

［63］ZHANG J, MORRIS J. Processmodeling and faultdiagnosisusing fuzzy neural networks ［J］. Fuzzy Sets and Sys – tems, 1996, (79): 127 – 140.

［64］FISH K E, JONSON J D, DORSEY R E, Blodgett JG. U – sing an artificial neural network trained with a geneticalgorithm tomodelbrand share ［J］. Journal of Business Research, 2004, 57 (1): 79 – 85.

［65］邓聚龙. 灰色系统理论基本方法 ［M］. 武汉: 华中理工大学出版社, 1991: 19 – 22.

［66］匙彦斌. ZBM PC 高级 BASIC 程序设计 ［M］. 天津: 天津大学出版社, 1992.